KB273997

심플하게 산다

심플하게 산다

도미니크 로로 지음
김성희 옮김

바다출판사

차례

몸

마음

어릴 때부터 나는 프랑스 밖에서는 어떤 일이 일어나고 있는지 늘 궁금했다. 그래서 진로도 그 궁금증을 해결할 수 있는 방향으로 잡았다. 열아홉 살에는 영국의 중학교에서 프랑스어 조교로 일했고, 스물네 살에는 미국 미주리 주에 있는 대학교로 건너갔다. 그렇게 해서 미국을 비롯해 캐나다, 멕시코, 중앙아메리카를 둘러볼 수 있었다.

샌프란시스코에 있던 어느 날, 부근에 있는 일본식 정원을 구경하게 되었는데, 이 아름다움의 근원을 알고 싶은 주체할 수 없는 욕망이 일었다. 그래서 나는 일본이라는 나라로 떠났고, 지금까지도 계속 머물고 있다.

프랑스와는 전혀 다른 문화를 가진 나라에서의 생활은 나 자신을 끊임없이 돌아보게 했고, '이상적인' 삶의 방식을 모색하게 만들었다. 그렇게 내 삶을 계속 다듬어 가면서 나는 조금씩 깨달았다. 심플함이 삶을 풍요롭게 하는 긍정적인 가치라는 사실을. 심플함을 추구하는 것이 가장 편안하면서 내 양심에도 부합하는 올바른 삶의 방식이라는 사실을.

고대 철학자들, 기독교와 불교의 성인들, 인도의 현자들이 오랜 세월 우리에게 상기시키고자 했던 것도 바로 이 원칙이다. 심플함을 지향하면 에너지를 분산시키고 스트레스를 야기하는 편견과 구속, 제약에서 벗어나 자유롭게 살 수 있다. 우리가 가진 많은 문제에 대한 해답은 바로 심플한 삶에 있다.

그런데 심플한 삶이라고 해서 심플하게 얻어지는 것은 아니다! 나는 더딘 변화의 시기를 거치고 나서야 심플한 삶에 이를 수 있었다. 그 변화란 바로 적게 소유하는 대신 더 유연하고 자유롭고 가볍고 우아하게 살고 싶다는 바람이 점점 커지는 것이었다. 나는 물건을 많이 치워 버릴수록 꼭 필요한 물건은 적어진다는 점을 차차 깨달았다. 사실 살아가는 데는 아주 약간의 물건만 있으면 된다.

그렇게 해서 내가 얻은 확신은 적게 소유할수록 더 자유롭고 더 많이 성장한다는 것이었다. 하지만 심플한 삶에 이른 후에도 경계 태세는 계속 유지해야 한다. 소비지상주의, 신체적·정신적 관성, 부정적인 생각의 덫이 우리가 해이해지는 틈을 호시탐탐 노리고 있기 때문이다.

이 책은 오랜 시간 이처럼 심플한 삶을 살면서 모아 둔 메모들에서 비롯되었다. 내 경험과 생각의 산물이며 내가 동경하는 것이자 내 것으로 만들려고 노력 중인 행동방침과 생활방식이 여기에 담겨 있다. 나는 이 책의 출발점이 된 메모들을 늘 소중히 보관하면서 나를 위한 지침으로 가지고 다녔다. 잊어버리거나 실천하지 않고 있는 것을 일깨우기 위해서, 그리고 주위의 모든 게 나와는 반대로 가고 있을 때도 신념을 지키기 위해서였다. 지금도 여전히 이 메모들에서 귀중한 조언을 구하고, 메모에 적힌 처방에 따라 내게 주어진 문제와 상황을 해결하려고 노력한다.

이제 우리 사회도 화려하고 과한 삶에 따른 위험을 인식하기 시작했다. 그리고 단순하고 자연스러운 삶의 기쁨과 이로움을 재발견하려는 사람들이 많아지고 있다. 이들은 언제나 더 많은 것을 욕심내게 만드는 소비사회의 유혹에도 아랑곳하지 않고 시대와 조화를 이루어 살아가되 자기 삶에서 의미를 찾고자 노력한다. 이 책은 바로 그런 사람들을 위한 것이다. 그들이 이 책을 통해 심플하게 사는 기술, 인생을 더없이 충만하게 사는 기술을 아주 구체적으로 이해하기를 바란다.

심플하게 살고 싶어 하는 모든 이들이
자신의 무한한 잠재력을 탐구하는 데
도움이 되길 바라며.

이 시대를 살아가는 우리는 심플하게 사는 법을 모른다. 우리에게는 지나치게 많은 물건들이 주어져 있다. 선택할 것도 많고 욕망도 유혹도 많다. 우리는 뭐든지 쓰고 뭐든지 버린다. 일회용 식기, 일회용 볼펜, 일회용 라이터, 일회용 사진기 등. 이 모든 낭비를 멈춰야 한다. 어쩔 수 없이 멈춰야 하는 날이 오기 전에 지금 당장 멈춰야 한다. 양적으로만 풍족한 삶은 은혜롭지도 우아하지도 않다. 그런 삶은 영혼을 망가뜨리고 옥죌 뿐이다.

심플한 삶, 바로 이것이 많은 문제를 해결해 준다. 너무 많이 소유하려는 것을 멈추자. 그러면 자신을 돌보는 데 더 많은 시간을 할애할 수 있다. 몸이 편안하면 정신을 가꾸는 데 집중할 수 있고 의미로 충만한 삶에 다가갈 수 있다. 심플한 삶이란 적게 소유하는 대신 사물의 본질과 핵심으로 통하는 것을 말한다. 심플한 삶은 아름답다. 그 안에는 실로 수많은 경이로움이 숨어 있다.

물
건

소유의 무게

자아까지 소유하려는 욕심

인생이라는 긴 여행을 하는 동안 우리의 짐 가방은 대개 점점 커진다. 간혹 지나치게 커지는 경우도 있다. 도대체 우리는 왜 그렇게 물건에 집착하는 것일까?

많은 사람이 물질적인 부를 자기 인생의 반영이자 자신이 존재하는 증거라고 여긴다. 이들은 의식적으로든 무의식적으로든 자신의 정체성과 이미지를 자기가 소유한 것과 연결 짓는다. 더 많이 소유할수록 더 안심이 되는 것이다. 그래서 모든 게 탐욕의 대상이 된다. 물질적 재산, 사업, 예술품, 지식, 아이디어, 친구, 연인, 여행, 신神, 그리고 심지어 자기 자신의 자아까지도.

사람들은 소비하고, 손에 넣고, 모으고, 쌓아 둔다. 친구를 소유하고 관계를 소유하고 자격증을, 학위를, 상패를 소유한다. 그리고 이렇게 소유한 것의 무게에 짓눌려 살아간다. 욕심 때문에 진정한 삶을 살지 못하고 있음에도 이를 잊어버리거나 깨닫지 못한 채 언제나 더 많은 것을 탐한다.

우리가 소유한 것 중에는 필요 없는 게 더 많지만 우리는 그 사실을 모른다. 남들이 가졌다는 이유로 사들이는 물건은 또 얼마나 많은가? 우리는 그런 물건들을 필요해서 쓰는 게 아니라 그저 가지고 있기 때문에 쓰는 것이다.

다른 삶에 대한 두려움

우리 문화는 심플한 삶을 선택한 이들을 잘 받아들이지 못한다. 소비사회에는 그런 사람들이 해가 되기 때문이다. 따라서 심플하게 사는 사람들을 주변인 내지는 불안한 개체로 취급한다. 스스로 소박한 삶을 선택해 적게 먹고, 적게 소비하고, 적게 험담하거나 아예 험담하지 않는 사람들을 이 사회는 구두쇠, 위선자, 비사교적인 인물로 규정한다.

다른 삶을 선택한다는 것은 자기가 원하는 인생을 사는 것을 뜻한다. 인생에 담긴 내용물에 집착하지 않고 자기 자신이 인생을 담아 내는 그릇으로 살아가는 것이다.

많은 사람들이 물질적으로 궁핍했던 지난 시절에 대해 얘기한다. 그래서 그들은 물건을 버리면 낭비하는 것 같아 죄책감을 느낀다. 낭비란 아직 쓸 수 있는 무언가를 버리는 것을 말한다. 쓸모없는 물건을 버리는 것은 낭비가 아니다. 쓸모도 없는 물건을 계속 보관하고 있는 것, 오히려 그게 낭비다.

우리는 공간을 채우느라 공간을 잃는다. 거실을 인테리어 잡지에서 본 대로 꾸미느라 에너지를 잃고, 물건을 정리하고 치우고 찾느라 시간을 잃는다. 추억 때문에 버릴 수 없다고? 추억이 우리를 정말 행복하게 해줄까? 지금보다 더 많이? 흔히 물건에도 영혼이 있다고들 말한다. 그래서 추억이 깃든 물건은 버릴 수 없다는 것이다. 하지만 과거에 대한 집착 때문에 미래를 방해하거나 현재를 정체시켜야 할까? 자신이 소유한 것에서 벗어나면 남들과는 다른 나만의 인생에 한발 더 다가갈 수 있을 것이다.

우유부단함 때문에 쌓이는 물건

심플하게 살려면 선택을 해야 한다. 때로는 힘든 선택을 해야 할 때도 있다. 많은 사람이 애착도 없고 필요도 없는 수천

톤의 물건들에 둘러싸여 생을 마감한다. 이들은 물건을 어떻게 처리해야 할지 몰라서, 어디에 주거나 내다 팔거나 버리는 결정을 하지 못해서 그저 쌓아 둔다. 과거와 추억에 집착하느라 현재를 소홀히 하고 미래도 생각하지 못하는 것이다.

버리는 일에는 노력이 필요하다. 제일 힘든 것은 버리는 행동 자체가 아니라, 어떤 게 필요하고 어떤 게 불필요한지 판단하는 일이다. 필요는 없지만 버리기 힘든 물건도 있다. 하지만 그런 물건에 과감하게 이별을 고하고 나면 얼마나 홀가분한지 아는가!

물건으로는 채울 수 없는 인생

당신을 유혹하는 물건이 있다면 그 앞에 멈춰 서서 이렇게 생각해 보자. 이 물건은 이미 해체되고 있고 변하고 있으며 언젠가는 먼지로 돌아갈 것이라고. 살면서 접하는 각각의 물건을 체계적이고 정확하게 평가해 내는 것처럼 유용한 능력도 없다. 어떤 쓸모가 있는지, 어떤 활동과 연관이 있는지, 얼마나 오래 사용할 수 있는지, 인생에 얼마나 가치가 있는지 판단할 줄 알아야 한다는 얘기다.

우리가 할 일은 인생을 물건으로 채우는 게 아니다. 그보다는 몸을 감각으로 생기 있게 만들고, 마음을 감정으로 풍요롭게 만들고, 정신을 신념으로 성숙하게 만들어야 한다. 물건에 소유되지 않는 유일한 방법은 아무것도(혹은 거의 아무것도) 소유하지 않는 것이다. 그리고 무엇보다 가능한 한 적게 욕심내야 한다. 물건을 늘리면 결국 짐이 된다. 이는 수를 늘리든 종류를 늘리든 마찬가지다.

지나치게 많은 물건은 우리 자신을 앗아가고 잠식하고 본질에서 멀어지게 한다. 그런 식으로 살다 보면 우리 정신도 고물이 꽉 들어찬 창고처럼 혼잡해진다. 그 안에서 움직일 수도 없고 앞으로 나아갈 수도 없는 그런 창고 말이다. 하지만 삶이란 모름지기 앞으로 나아가는 것이 되어야 하지 않겠는가? 물건이 늘어나게 내버려 두면 앞으로 나아갈 수 없음은 물론, 결국에는 혼돈과 근심, 피로에 이를 뿐이다.

빈 자리가 없는데 어떻게 다른 것이 들어설 수 있겠는가? 우리가 물건보다 더 중요하게 여겨야 할 것은 인간적인 가치, 노동, 평화, 아름다움, 자유 그리고 생명이다. 이 사회가 재산이라고 말하는 모든 물건을 눈에 거슬리는 낡은 누더기를 보듯 치워 버리자. 그래야만 가득 찬 우리 인생에 빈 자리를 만들 수 있다.

물건에 휘말리지 않기

물건이 많으면 우리는 물건을 소유하지 못한다. 오히려 물건이 우리를 소유하는 꼴이 된다. 물론 마음에 드는 물건을 가질 자유는 누구에게나 있다. 하지만 무엇보다 중요한 것은 물건을 대하는 태도다. 그리고 자신에게 필요한 것은 무엇인지, 자신이 인생에서 기대하는 것은 무엇인지를 먼저 알아야 한다. 어떤 책을 읽고 싶은지, 어떤 영화를 보고 싶은지, 어떤 곳에 가면 즐거운지를 알자.

가방에 넣고 다닐 물건은 수첩과 펜, 신분증, 지폐 몇 장으로 충분하다. 집에 손톱깎이는 하나만 있으면 된다. 하나밖에 없으면 어디에 있는지 찾기도 쉽다. 안락한 생활과 쾌적한 환경을 위해 필요한 물건과 보기 좋은 가구 한두 가지 정도로 만족하자. 물질적인 것에는 최소한의 중요성만을 부여해야 한다. 너무 많이 소유하는 것을 거부해야 정신적·감정적·지적 기쁨을 온전히 누릴 수 있다.

쓸모없거나 너무 낡은 물건은 버리자. 혹은 '필요하면 가져가라'는 메모와 함께 집 앞에 내놓아도 좋다. 아직 사용할 수 있는 물건은 병원이나 시설에 보내자. 안 쓰거나 드물게 쓰는 물건은 중고 시장 같은 곳에 내다 팔자. 물건을 다른 데 준다고 해서 당신이 잃는 것은 없다. 오히려 큰 만족과 기쁨을 얻게 될 것이다.

그렇게 비워 낸 후, 당신의 물건을 노리던 도둑, 화재, 진드기, 시기심 많은 이웃을 더 이상 신경 쓰지 않아도 되는 평화로움을 누려 보자. 꼭 필요한 최소한의 물건보다 더 많이 소유하는 것은 곧 새로운 불행을 짊어지는 것이다. 그리고 잘 알다시피 너무 많은 짐을 짊어진 사람은 가라앉을 수밖에 없다.

심플, 삶에 필요한 실용적인 철학

삶의 본질은 물건을 통해 구현되지 않는다. 필요 이상의 것을 절제하는 미니멀리스트Minimalist가 되려면 정신적이고 지적인 짐 가방을 꾸릴 줄 알아야 한다. 많이 소유하지 않으면 실제로 삶의 질이 개선된다. 적게 소유하는 삶의 풍요로움은 누구나 마음만 먹으면 누릴 수 있다. 중요한 것은 용기를 갖고 자신의 신념을 끝까지 지켜 내는 것이다. 절제력, 결단력, 의지력은 여백이 충분한 깔끔한 공간에서 꼭 필요한 것만 가지고 살아가기 위한 조건이다. 단순함과 간결함을 추구하는 미니멀리즘Minimalism은 삶에 대한 절제와 세부적인 것에 대한 적극적인 관심이 있어야 가능하다.

우선 물건은 가능한 한 치우자. 이런저런 물건과 가구가 당신을 잠식하게 내버려 두지 말고, 다른 것에 에너지를 투자하자. 이러한 삶에 익숙해지면 물건을 없애는 일로 더 이상 고민하지 않는다. 무엇을 버리고 무엇을 남길지 본능적으로 선택할 수 있으면 스타일은 더 우아해지고, 집은 더 안락해지고, 수첩에는 여백이 많아진다. 상식이 되살아나고 인생을 바라보는 통찰력이 생긴다. 그러므로 우리는 삶의 군살을 빼야 한다. 천천히, 하지만 단호하게.

그렇다면 삶을 보다 심플하게 만들기 위해 무엇을 할 수 있을지 생각해 볼 필요가 있다. 다음과 같은 질문을 던져 보자.

- 내 인생을 복잡하게 만드는 것은 무엇인가?
- 그것을 내 인생에 둘 만한 가치가 있는가?
- 나는 언제 가장 행복한가?
- 소유하는 것이 존재하는 것보다 중요한가?
- 나는 적은 것에 얼마나 만족할 수 있는가?

그리고 이 질문들에 답하면서 자기 자신에 대한 목록을 작성해 보자. 이 목록이 복잡한 당신의 삶을 심플하게 정리할 수 있도록 도와줄 것이다.

집

집, 스트레스를 풀어 주는 곳

집은 간결하고 안락하고 실용적이어야 한다. 우리가 집에서 추구해야 할 최고 목표는 안락하게 지내는 것이다. 그런데 그 안락함은 공간에 의해 좌우되는 경우가 많다. 잘 짜인 공간, 해방감을 주는 공간, 여유로운 공간 등 집과 관련해서 심플한 삶의 방식은 하나의 미덕이 될 수 있다.

집은 휴식의 장소, 영감의 원천, 치유의 영역이 되어야 한다. 우리가 사는 도시에는 사람과 소음이 많고 신경에 거슬리는 시각적 매체도 많다. 그런 도시에 사는 우리가 에너지와 활력, 균형, 즐거움을 되찾는 공간이 바로 집이다.

집은 물리적·심리적 보호 장치다. 집이 우리 몸을 보호하듯 몸은 우리 정신을 보호한다. 집은 우리 몸을 위한 곳이며,

우리 마음을 위한 곳이다. 영양부족은 육체에만 생기는 문제가 아니다. 정신적인 영양부족도 존재한다. 정신적인 영양부족을 해결해 주는 것이 바로 집의 역할이다. 식생활이 우리 건강을 좌우하는 것과 마찬가지로, 집을 어떻게 꾸미느냐가 우리의 심리적 안정에 막대한 영향을 미친다. 몸이 집 안에서 자유로워야 정신이 몸 안에서 자유롭게 성장할 수 있다.

꼭 필요하고 보기에도 좋은 물건 몇 가지만 두고 나머지를 치우면 집은 평화로운 안식처가 된다. 그러므로 물건은 꼭 그것이 아니면 안 되는 것과 유용한 쓰임새가 있는 것만 두자. 그 물건이 없으면 우리 삶이 정상적으로 돌아가지 못하는 그런 것 말이다. 집을 아끼고 깨끗이 하고 존중하자. 이 것이 바로 당신의 가장 귀중한 보물, 즉 당신 자신을 보호하는 방법이다. 물질적인 것에 더 이상 신경을 뺏기지 않을 때, 바로 그때 우리 자신을 마음껏 펼칠 수 있다.

다이어트가 필요한 집

많이 소유하지 않고 살아가는 삶이 이상적이다. 하지만 그렇게 살려면 사고방식부터 바꿔야 한다. 화려함보다는 여백을, 소음보다는 침묵을, 유행하는 것보다는 변치 않는 것을 좋아해야 한다. 왜 그래야 하냐고? 그래야만 모든 장애물, 즉 우리가 대개는 의식하지 않고 지내지만 사실은 그 때문에 답답함을 느끼는 온갖 물건들에서 해방되어 삶 자체에 필요한 공간을 충분히 확보할 수 있기 때문이다. 집은 '언젠가는 쓰일' 물건들로 가득 채워진 요지부동의 창고가 아니라, 꼭 필요한 물건만 가지고 안락하게 살 수 있는 공간이어야 한다.

공간을 단순하게 만드는 관점에서 볼 때 이 시대에는 큰 장점이 하나 있다. 통신 기기의 소형화 덕분에 기기들이 잡아먹는 공간이 갈수록 줄어들고 있다는 점이다. 손쉽게 작동하지 않는 것은 아예 들이지 말자. 전선은 벽 모서리 부분에 붙이거나 장판 밑에 숨기거나 몰딩을 이용해 최대한 눈에 띄지 않게 만들자. 꼭 안 잠기는 수도꼭지, 시끄러운 변기 물탱크, 너무 비좁은 샤워실, 잘 돌아가지 않는 손잡이 등 일상생활을 피곤하게 하는 자질구레한 문제는 모두 고쳐서 해결하자.

물건을 집에 들이는 기준은 안락함이어야 한다. 물건을 고를 때는 겉으로 보이는 것에만 휘둘리지 말자. 그리고 고급 물건은 부자들을 위한 것이라는 선입관을 버리자. 예를

들어 최상급 캐시미어로 만든 담요 한 장은 보통 담요 두 장
보다 더 따뜻하다. 이 방 저 방으로 가지고 다니기도 좋고 활
용도도 높아 오랫동안 기분 좋게 쓸 수 있다.

색은 단색 계열이 좋다. 화려한 색은 눈을 피로하게 한다.
검은색, 흰색, 회색 같은 색깔은 크게 눈에 띄지 않으면서 다
른 색하고도 잘 어울린다. 이 색깔들은 복잡한 요소를 흡수
시켜 없애는 힘이 있기 때문에 심플한 스타일의 완성도를
높여 준다.

이처럼 집 안 공간을 단순하게 만들고 쓸모없는 것을 모
두 치우고 나면 기분이 개운해진다. 공장에서 만든 인스턴
트식품만 먹다가 모처럼 자연식품을 먹었을 때와 같은 느낌
을 맛볼 수 있다. 집에서 제일 중요한 것은 그 안에 살고 있
는 사람이다.

집의 법칙 1: 인테리어는 유동성 있게

‘유동성’을 띠는 인테리어란 기능적인 면을 가장 우위에 놓
는 것을 말한다. 유지하고 정리하는 수고는 최소한으로 하되
안락함과 사는 즐거움을 주는 이상적인 인테리어라고 할 수
있다. 무엇보다도 단순성과 기능성을 추구하는 인테리어가

보여 주는 것은 바로 '플러스를 위한 마이너스'의 개념이다.

바우하우스의 초기 주택들은 아름답지만 너무 간결하다는 이유로 오랫동안 비판받았다. 하지만 그 집들은 기능성과 상식을 기본으로 하는 건축의 본보기였다. 그리고 신체 단련과 일광욕, 위생을 위한 전용 공간을 갖추고 있었다는 점에서 휴식의 전당 같은 곳이기도 했다. 모든 부분에서 거주자의 안락함을 우선으로 한 집이었던 것이다.

집에 가구류를 적게 두면 유동성이 커진다. 물건과 가구는 가벼워야 하며, 눈에도 몸에도 항상 만족스러워야 한다. 카펫의 부드러움이나 벽 마감재의 향기로움, 욕실의 상쾌함은 눈으로도 느낄 수 있어야 한다. 무거운 재떨이, 들어내기 힘든 모직 카펫, 툭하면 전선이 발에 걸리는 스탠드, 친척 할머니가 수놓았다는 벽걸이 융단, 아무리 닦아도 윤이 안 나는 구리 그릇, 옷장 옆이며 책상 아래며 이곳저곳에 수도 없이 놓인 쓰레기통은 이제 그만 치우자. 그런 물건들에 에너지를 빼앗기기보다는 다른 할 일을 생각해 보자. 건축 구조에 세부적인 변화를 주고 기능적이면서도 온화한 조명을 설치하자.

세안이나 목욕을 할 때를 제외하고는 모든 게 불편한 욕실, 넓기만 하고 제대로 활용을 못 하는 거실, 요리하기 불편한 주방은 공간을 재구성할 필요가 있다. 넓다고 무조건 좋은 것은 아니다. 공간을 잘 활용하면 몇 제곱미터만으로도 훌륭한 효과를 얻을 수 있다.

집의 법칙 2 : 공간은 여백이 많게

여백이 많은 방은 언뜻 보기에 허전한 것 같아도 세부적인 부분을 잘 신경 쓰면 깨끗하고 안락한 공간이 될 수 있다. 나무, 직물, 코르크, 짚처럼 따뜻하고 부드러운 소재로 된 방은 특별한 가구나 물건 없이 텅 비어 있어도 아주 포근한 느낌이 난다. 그런 방에 있으면 숲 속의 작은 사찰에 있는 것처럼 마음이 가볍고 편안해진다. 집 안에 여백이 생기면 그 안에는 평화와 질서가 자리 잡는다. 단순화한다는 것과 아름답게 장식한다는 것은 결국 같은 말이다. '무장식의 장식'을 만들어 내는 것이기 때문이다.

'헐렁한' 스타일 혹은 '여백이 있는' 스타일에서는 물건보다 물건 주변의 공간과 사람이 우선이다. 여백이 충분한 집에 산다는 것은 삶의 주도권을 내가 쥐고 있다는 뜻과 같다. 그런 공간 안에서는 물건에 소유되지 않기 때문이다. 이 같은 여백의 미학을 선택한 사람들은 물건에 휘둘리지 않는다. 이들은 책 두세 권, 향기로운 초 하나, 푹신한 소파 하나로도 안락함이 완성된다는 것을 안다.

여백이 있는 방은 빛으로 채워진다. 물건이 거의 없는 방에서는 찻잔 하나도 존재감을 가진다. 책 한 권이나 친구의 얼굴도 마찬가지다. 여백이 있는 공간에서는 모든 게 작품이 되고 정물화가 되고 매 순간이 소중한 시간이 된다.

여백이 없으면 아름다움도 없다. 침묵이 없으면 음악도 없다. 모든 여백과 침묵에는 의미가 있다. 지금부터 단 일주일만이라도 집에 있는 장식품을 모두 치우고 지내 보자. 텅 빈 공간은 분명 당신에게 새로운 발견을 선사할 것이다. 물건을 치우지 못하고 과거 속에서 혹은 추억 속에서만 사는 것은 현재를 잊고 사는 것이자 미래로 열린 문을 닫고 사는 것이다.

집의 법칙 3 : 빛과 소리는 적당하게

빛은 곧 생명이다. 빛을 빼앗긴 인간은 병들고 미치기까지 한다. 그러므로 집에서도 빛을 잘 관리하는 게 중요하다. 한결같은 밝기의 조명은 피하자. 자연의 빛이 계속해서 변하는 것처럼 집 안도 밝을 때와 어두울 때가 있어야 한다.

문이 삐걱대는 소리나 시끄러운 전화벨 소리처럼 집 안에서 나는 소음은 생각하는 것보다 우리 건강에 훨씬 많은 영향을 미친다. 하지만 소음 문제는 마음만 먹으면 해결할 수 있다. 삐걱대는 문에는 기름을 치고, 전화벨 소리는 듣기 좋은 멜로디로 바꾸고, 소음을 흡수할 수 있게 카펫을 깔자. 가전제품을 구입할 때는 소음이 적은 것을 고르자. 우리가 보통 대화를 나눌 때의 소리는 60데시벨 정도이며, 우리의 귀가 고통을 느끼기 시작하는 소리는 120데시벨이다. 100데시벨의 소음을 내는 믹서를 굳이 고를 필요가 있겠는가?

집의 법칙 4 : 수납 공간은 충분하게

집은 사람만 있는 공간이 아니다. 당연히 물건도 있고 때로는 동물도 있다. 따라서 집이 어지러워지는 것을 피하려면, 그리고 옷장, 서랍장, 장식장 등 온갖 잡다한 가구가 늘어나는 것을 막으려면 붙박이식 벽장이 충분히 있어야 한다. 벽장도 그저 '빈 공간'이기만 하면 되는 게 아니라 필요에 맞게 배치되어야 한다. 냄비 하나 꺼낼 때마다 의자를 가져와야 한다거나 티스푼 하나 때문에 집을 가로지르는 일이 생겨서는 안 된다는 얘기다. 물건이 정리되지 않는 이유는 물건을 편리하게 정리할 공간이 없기 때문이다.

수납 공간은 사용자의 움직임과 발걸음을 최소한으로 줄일 수 있도록 그 기능에 맞는 장소에 있어야 한다. 예를 들어 집에는 살림 도구를 위한 벽장, 부엌용 식품 저장고, 욕실용 붙박이장, 우산과 신발을 두는 현관용 수납장, 외출할 때 바로 들고 나갈 가방이나 손님의 짐을 두는 휴대품 보관소 같은 공간이 필요하다. 왜 집을 지을 때 이 모든 공간을 꼼꼼히 챙기지 않는 걸까? 집의 기본은 합리성과 효율성이 되어야 한다.

집의 법칙 5 : 좋은 기운이 가득하게

풍수학에 따르면 우리는 살고 있는 환경(날씨, 이웃, 주변의 물건 등)에 지속적으로 영향을 받는다. 일상생활에 자리하고 있는 모든 것이 알게 모르게 계속 영향력을 행사하면서 우리를 화나게도 하고 즐겁게도 하는 것이다.

우리는 또 우리대로 움직이고 말하는 방식, 태도와 행동을 통해 외부 환경에 영향을 미친다. 우리 몸의 진동과 파장역시 생명체와 물질세계의 배열에 영향을 준다. 그렇게 우리는 생명의 기운, 즉 '기氣'를 외부 환경과 주고받는다.

　풍수학에서 우선 강조하는 것은 장소의 정갈함이다. 사는 장소가 정갈해야 우리 정신도 맑아지고 정신이 맑을수록 올바른 판단을 할 수 있는 것이다. 그렇기 때문에 집에는 '영양분'이 되는 것만 들어와야 한다. 현관에 두는 물건은 하나하나가 집의 기운에 영향을 미치기 때문에 쾌적하고 깨끗해야 하며 화초를 두는 게 좋다. 그래야만 집 안으로 좋은 기운이 들어올 수 있다. 어떤 색깔의 물건을 두느냐에 따라서도 집의 기운이 달라진다. 거울이나 밝은 색의 그림을 걸면 어둡거나 비좁은 공간의 단점을 해결할 수 있다. 방 모서리처럼 모가 나 있는 곳은 기운을 날카롭게 만든다. 따라서 둥근 잎 식물 같은 것을 놓아 기운을 부드럽게 만드는 것이 좋다. 이처럼 집 안의 소리, 색깔, 재료, 식물은 안정된 진동을 가진 것이어야 한다. 그래야만 무엇보다 기운이 막히지 않고 집 전체를 '순환'할 수 있다.

　풍요로운 기운을 얻고 싶다면 먹을거리를 모두 한곳에 보관하고, 그 장소에는 언제나 음식물이 잘 구비되어 있도록 신경 쓰자. 부족함이 생기면 절대 안 된다. 과일 바구니는 항상 채워 놓고 시든 채소와 오래된 음식은 냉장고에서 치우자. 어떤 것을 어떻게 먹느냐가 몸의 기운을 좌우하기 때문이다.

집의 기운은 집에 있는 물건의 형태와 소재에 좌우된다. 먼지가 쌓인 물건과 지저분한 물건은 조화를 깨뜨리는 침체된 기운을 내뿜는다. 그렇기 때문에 생활의 기본적인 기운이 자리하는 카펫이나 이불은 반드시 깨끗하게 관리해야 한다. 날카롭고 뾰족한 물건은 눈에 안 보이는 곳에 두고, 식물이 서서히 말라 죽는 모습은 무의식적으로 절망감을 느끼게 하므로 병든 식물이나 시든 꽃은 치우는 것이 좋다. 에너지는 땅에서 올라오므로 바닥과 신발도 언제나 깨끗해야 한다.

집을 깨끗하고 밝게 유지하면서 나쁜 기운을 비워 내면 그 안에 사는 사람의 모습도 밝고 건강해진다. 집에서 멀리 떨어진 곳에 있을 때도 마찬가지다. 어디에 있든지 간에 우리 모습은 집 안의 모습과 일치한다. 아침에 집을 깨끗이 정돈하고 출근해 보자. 그러면 하루도 달라질 것이다!

내가 사는 공간이 곧 나 자신

자신의 모습은 스스로 선택한 것에 의해 정해지는 경우가 많다. 그럼에도 실제로 많은 사람들은 자신에게 진정한 만족을 주는 것에 대해 확고한 취향도 선택도 없이 살아간다. 하지만 우리 자신의 내적 자아와 외적 자아 사이에 존재하는 관계를 조화롭게 풀어 내려면 외부 환경이 내면 가장 깊은 곳에 자리한 열망과 부합해야 한다.

건축가와 인류학자들이 입을 모아 하는 말이 있다. 한 개인의 정신을 찍어 내는 게 바로 집이며, 인간은 자신이 사는 장소의 지배를 받는다는 것이다. 환경은 개인의 인격을 형성하고 개인의 선택에 영향을 미친다. 어떤 사람이 살고 있거나 살았던 장소를 보면 그 사람을 더 잘 파악할 수 있는 것도 그 때문이다.

실제로 고물상이나 창고와 비슷한 집들이 많다. 어수선함, 너저분함, 무질서를 뜻하는 영어 단어 'clutter'가 혈전血栓을 의미하는 'clot'에서 온 것처럼 혈전과 무질서는 일맥상통하는 데가 있다. 혈전이 혈액순환을 방해하듯이 무질서는 집의 원활한 기능을 방해한다.

반면 단순하고 정돈이 잘된 방은 그 안에 누군가가 있을 때만 사람이 사는 공간으로 보인다. 사람이 있다가 나가도 방에는 별 흔적이 남지 않는다. 그 사람이 머물렀던 흔적도, 활동의 흔적도 없다. 이 같은 공간에서는 골치 아픈 물건이나 기억들에 신경 쓸 일이 없다. 집이 애물단지나 일거리, 부담, 짐이 되어서는 안 된다. 집은 재충전하는 곳이어야 한다.

아름답고 건강한 집

우리가 만든 환경은 우리 자신을 대변한다. 통속적인 디자인을 선택하면 우리도 통속적인 사람이 된다. 미적인 부분에 신경을 쓰면 우리의 감각도 세련되게 바뀐다. 그리고 우리가 세부적인 부분들을 중요하게 여길수록 세부적인 것의 혜택을 더 많이 누릴 수 있다.

집과 관련해서 우리가 반드시 기억해야 할 점은 완벽하게 작동하지 않는 물건은 즉시 해결해야 한다는 것이다. 그런 물건이 그대로 방치된 집은 마치 가벼운 두통이나 충치가 막 생겼을 때 치통을 앓는 상태와도 같다. 벽장이 옷으로 터질 것 같은데도 입을 만한 옷이 하나도 없는 집 역시 '건강하지 않은' 상태다. 냉장고에서 유통기한이 지난 식품들이 나오는 집, 냉동실에 성에가 끼다 못해 북극처럼 변해 버린 집, 책이 무더기로 쌓여 있지만 도움이 될 만한 책은 한 권도 없는 집도 마찬가지다. 이와는 반대로 수납장은 붙박이식으로 되어 있고, 조명기구는 벽과 천장에 내장되어 있으며, 자질구레한 물건들은 말끔히 치운 곳, 바로 그런 집에서 우리는 마침내 휴식을 취할 수 있다. 집은 살아 숨 쉬는 장소, 본질로 돌아가는 장소가 되어야 한다. 건강한 집을 원한다면 불필요한 것과는 그 어떤 타협도 해서는 안 된다.

사실 심플한 삶에는 돈이 많이 든다. 자질구레한 실내 장식품 몇 가지 사서 진열하는 것보다 좋은 목재 합판으로 벽을 마감하는 비용이 더 비싸다. 게다가 심플한 삶을 지향하며 살아가려면 돈 이상의 것이 필요하다. 확고한 신념이 바로 그것이다. 신념이 있어야 질서와 아름다움을 추구하는 삶을 살 수 있다.

물건

꼭 필요한 것

꼭 필요한 물건은 어떤 게 있을까? 살려면 최소한의 물건이 필요하고 편안하게 살려면 꽤 많은 물건이 필요하다. 역사적으로 중세는 미니멀리즘과 정신적 가치가 완벽한 조화를 이룬 시기였다. 르네상스 때까지 의식주에 대한 욕구는 이성에 부합하는 기본적인 범위를 넘지 않았다. 그러나 오늘날, 특히 서구 사회에서는 더 이상 그렇지 않다.

한 사진작가가 전 세계를 다니며 조사한 바에 따르면, 몽골인 한 사람이 살면서 소유하는 물건은 평균 300개이며 일본인의 경우 그 숫자는 6,000개라고 한다. 당신은 어떠한가? 당신이 소유한 물건은 몇 개나 되는가?

기술이 곳곳에 침투하면서 우리 삶에 정신적인 가치가 들어설 자리는 점차 줄어들고 있다. 이제 우리는 자신의 마음을 들여다보는 대신 그저 남들이 사는 대로 살아간다. 하지만 보다 잘 살기를 원한다면 우리 내면 깊이 자리한 바람에 부합하는 물건, 우리에게 꼭 필요한 물건만 소유하면서 살아야 한다. 그렇게 하려면 먼저 자신이 어떤 사람인지 알아야 한다. 좋아하는 것은 무엇이고 싫어하는 것은 무엇인지 알아야 한다. 정원을 갖고 싶다면 그 정원이 정확히 어떠했으면 좋겠는지 스스로에게 물어보자. 순수한 초록색 정원을 좋아하는 사람한테 노란 튤립과 붉은 제라늄은 필요 없다. 온갖 색색의 꽃을 심어 놓은 화단은 자연에 대한 모독이기도 하다.

최소한의 물건을 어떻게 요약할 수 있을까? 작은 방 하나를 떠올린다면 책상 하나, 침대 하나, 초 하나라고 말할 수 있을 것이다. 하지만 보다 만족스러운 삶을 위해서는 몇 가지를 추가할 필요가 있다. 독특하고 아름다운 장식품이나 편안한 소파처럼 영혼을 살찌우고 안락함에 대한 욕구를 충족시키는 물건 말이다.

우리는 적게 소유하는 삶을 즐겨야 한다. 그 누구도 바다의 조개껍데기를 전부 주워 가질 수는 없다. 그리고 조개껍데기는 조금만 놓고 봐야 예쁜 법이다. 생기도 아름다움도 없이 수북이 쌓인 '죽은' 물건을 어떻게 즐길 수 있겠는가? 물건을 고를 때는 나에게 꼭 필요하고 되도록이면 크기도 작은 물건을 고르자. 물건 하나하나가 잘 만들어져 보기에 좋고, 유용하고, 가볍고, 알차고, 휴대와 보관이 쉬운 것을 고르자. 사용할 때를 제외하고는 가방이나 주머니, 수납장에 넣어 놓고 꼭 필요할 때만 사용하자.

세상을 가볍게 살아가는 비결은 꼭 필요한 물건만 소유하되 안락함과 우아함도 포기하지 않는 것이다. 그렇게 살면 정신이 자유로워져 그전까지는 몰랐던 것도 깨칠 수 있다. 물질적 소유물은 우리 몸에 도움이 되고 우리 마음을 풍요롭게 해주는 것으로만 한정해야 한다.

그리고 물건을 고를 때는 감각과 직관을 이용해 까다롭게 고르자. 마음에 꼭 드는 물건과 특히 좋아하는 물건을 찾는 것부터 우선 시작해 보자. 상표와 가격에 신경 쓰는 건 나중에 하면 된다. 그리고 눈에 보이는 물건을 평가하는 훈련을 하자. 물질세계를 구성하고 있는 여러 요소가 우리의 실질적인 욕구와 개인적인 취향에 가까워질수록 마음은 더 평안해질 것이다.

물건의 본질

꼭 필요한 물건만 소유하려면 물건의 본질을 파악할 줄 알아야 한다. 물건을 정의하고, 확인하고, 평가하는 습관을 들이자. 그러면 불필요한 물건을 가려내는 데 도움이 된다. 물건의 품질도 가치도 놓치지 않도록 아주 세세한 부분까지 자세히 들여다보자. 보잘것없는 것은 아닌지, 쓸데없는 것은 아닌지도 물론 생각해야 한다. 물건의 겉모습에 휘둘리지 말고, 그 물건이 우리에게 실제로 가져다주는 것이 무엇인지를 따지자.

반짝이는 샛별과 빛나는 태양이 그렇듯 꼭 필요한 물건은 그 본질에 충실하다. 본질에 충실한 단순한 물건일수록 품질이 높을 가능성이 크다는 점을 기억하자.

물건 법칙 1: 내 마음에 드는 것

우리 삶은 어떤 생각을 하면서 사는지도 중요하지만 어떤 물건을 가지고 사는지도 중요하다. 물건은 우리 감정을 담아 내는 그릇이다. 따라서 쓸모만 있으면 되는 게 아니라 즐거움도 줄 수 있어야 한다. 너절하고 장소에 맞지 않는 물건은 모두 치우거나 버리자. 그런 물건들은 부정적인 파동을

발산하기 때문에 소음 공해나 해로운 식품만큼이나 우리 건
강에 안 좋은 영향을 미친다.

마음에 안 드는 물건들에 계속 둘러싸여 지내면 무기력
해지고 우울해진다. 그 물건들이 신경을 거슬리게 해서(의식
적으로든 무의식적으로든) 나쁜 호르몬이 분비되는 탓이다. 물
건 때문에 짜증스런 말을 하는 경우가 얼마나 많은가. "아!
저것 때문에 귀찮아 죽겠네. 저것 때문에 정말 열 받네. 저것
때문에 진짜 미치겠네."

그에 반해 마음에 꼭 드는 물건은 크나큰 위안과 안도감,
평화를 가져다준다. 좋아하는 물건만 곁에 두자. 그 외의 것
은 의미가 없다. 시시한 물건이나 한물간 물건이 우리의 세
계를 잠식하게 내버려 두지 말자. 어설픈 물건은 망설임 없
이 치우고 완벽한 물건으로 대체하자. 물건을 잘못 고르는
실수를 하다 보면 자신에게 정확히 맞는 물건이 어떤 것인
지 마침내 알게 된다. 잘못 고른 물건들이 물건을 제대로 고
르는 법을 가르쳐 주는 선생인 셈이다.

물건 법칙 2 : 가볍고 간소한 것

언제나 만일의 사태를 경계하고 대비하는 자세로 살아야 한

다. 그런 의미에서 우리가 가진 물건을 자세히 적어 보자. 목록을 작성하면 필요 없는 것을 골라 내는 데 도움이 된다. 모든 물건은 특별한 몇 가지 외에는 꼭 필요한 최소한의 짐 가방으로 압축할 수 있어야 하고, 혼자 힘으로 옮길 수 있어야 한다.

물질적으로는 거의 아무것도 소유하지 말자. 그리고 물건이 모두 꼭 필요하고 사용하기 편리한 것인지 확인하자. 체중이 늘면 건강에 좋지 않은 것처럼 물건의 무게도 늘면 좋지 않다. 투아레그족은 가볍게 짐을 꾸릴 수 있는 것만 소유한다. 가지고 있는 물건을 크기와 부피가 더 작은 다른 것으로 바꾸자. 참나무 장롱은 내다 팔고, 효율적으로 짜인 붙박이식 벽장을 사용하자.

부피가 커서 거추장스럽고 무거운 가구는 이삿짐을 옮기는 사람들한테만 부담을 주는 게 아니라 우리 마음에도 부담을 준다. 그런 가구가 집에 있으면 자유로운 움직임에도 제한을 받는다. 대궐 같은 집에 살지 않는 한 집을 정말로 꼭 필요한 물건밖에 둘 수 없는 공간이라고 상상하자. 무어인들의 집은 카펫과 방석 몇 장, 다반과 다기밖에 없어도 근사하기만 하다.

물건 법칙 3 : 견고하고 몸에 잘 맞는 것

단순하다는 것은 아름다움과 실용성을 완벽하게 겸비한 상태를 말한다. 물건에 그 이상의 군더더기는 필요 없다. 물건의 가치와 질은 사용해 봤을 때 알 수 있다. 무작정 비싼 것만 찾을 게 아니라, 믿을 수 있고 오래 쓸 수 있고 본연의 기능에 충실한 물건을 고르자. 물건을 구입하기에 앞서 먼저 만져 보고, 잡아 보고, 무게를 가늠해 보고, 열어 보고, 닫아 보고, 조여 보고, 풀어 보고, 시험해 보고, 확인해 보고, 소리를 들어 보자.

물건은 장인이 만든 것이든 공장에서 생산한 것이든 수족처럼 부릴 수 있는 것을 고르자. 매일 사용하는 물건은 튼튼하고 유능한 일꾼처럼 내구력이 좋아야 한다. 장식이 많고 다루기 까다로운 물건은 일상생활에 적합하지 않다. 깨질까 봐 겁이 나는 물건으로는 소유하고 사용하는 즐거움을 제대로 누릴 수 없다. 수시로 사용하는 물건은 부서지기 쉬워서도 질이 나빠서도 안 된다. 보기에 좋고 사용하기에도 좋아야 한다. 보기에는 좋아도 사용하기에 나쁜 물건은 결국 안 좋은 물건이다.

찻주전자나 칼처럼 일상적인 물건도 편리하게 꾸준히 사용하면 아름다운 물건이 된다. 이러한 물건들은 일상생활을 혼자서만 맛볼 수 있는 작은 기쁨들로 풍요롭게 채워 준다. 선 사상에서는 일상생활에서 사용하는 꾸밈없고 평범한 물건을 보물로 꼽는다. 그런 물건들에서 특별한 형태의 미를 발견하는 것이다. 장인의 인장이 들어간 접시나 고급 상표가 찍힌 냅킨처럼 '관념적으로' 아름다운 물건보다는 우리의 눈에 아름다운 물건을 택하자. 그리고 우리 주위에는 필요에 부합하는 물건, 본연의 기능에 걸맞은 물건만 두자.

물건 법칙 4 : 기본에 충실한 것

물건은 '많이' 가지는 게 아니라 '좋은' 것을 가져야 한다. 적게 소유하되 제일 좋은 것을 소유하자. 적당히 좋은 것에 만족하지 말고 아름답고 가볍고 좋은 품질의 것을 고르자. 물건이 너무 많기만 한 공간은 상상력을 발휘하는 데도 해를 끼친다.

물건은 '기본적인' 것을 고르자. 부와 인기만을 추구하는 사람들이 그때그때 유행을 좇아 만든 겉만 번드레한 것은 피하고, 될 수 있으면 천연 소재로 된 것을 고르자. 맑은 순백의 도자기 제품, 가격에 합당한 모양과 광택을 지닌 칠기 제품, 구조에서 자연미가 느껴지는 나무 제품, 천연섬유 제품, 돌로 만든 제품, 자연스러운 무늬, 결, 색이 그대로 살아 있고 사람의 손길은 형태를 만드는 데만 개입한 제품처럼 조화로운 색과 천연 소재로 만들어진 좋은 물건은 우리의 눈과 귀를 쉬게 한다.

물건을 구입할 때는 언제나 자기 자신의 일부를 구입한다고 생각해야 한다. 이상적인 소파를 아직 사지 못했다면 그런 소파를 살 수 있을 때까지 돈을 저축하자. 그전까지 '임시용' 소파는 사면 안 된다. 그런 물건에 익숙해질 위험이 있기 때문이다. 게다가 돈도 없어진다. 시시한 물건을 가지고 사는 것보다는 좋은 물건을 갖고 싶다는 꿈을 품고 사는 게 더 낫다. 그리고 비싸다고 좋은 물건인 것은 아니다. 좋은 물건은 그것을 사용하는 사람의 필요와 환경에 부합하는 것이다.

좋은 물건은 시간이 흐를수록 아름다워지고 멋스러워진다. 예를 들어 좋은 가죽 제품은 오래 쓸수록 더 부드러워지고 빛이 난다. 트위드 재킷은 입을수록 길이 들면서 더 편안하고 만족스럽다. 나무 제품은 오래될수록 눈에도 마음에도 더 따뜻하게 느껴진다. 이에 비해 합성 소재 제품은 시간이 갈수록 추해지면서 눈에 거슬리게 변한다.

좋은 물건을 경험한 사람은 보잘것없는 물건에는 더 이상 만족하지 못한다. 그러나 소비사회에서는 사람들이 좋은 물

건을 경험하는 일이 점점 줄어들고 있다. 대량생산과 대량
소비의 시대에 우리는 물건에 내재한 품질을 보고 판단하는
능력을 잃어버렸다. 그래서 사람들은 좋은 물건을 원하지도
않는다. 더구나 좋은 물건은 소량만 생산되기 때문에 가지
려면 그만한 대가를 치러야 한다. 그렇다. 비싸다는 얘기다.
하지만 싼 물건을 자꾸 사들이다 보면 좋은 물건 하나 살 때
보다 결국은 더 많은 돈이 나간다. 좋은 물건은 당장에는 터
무니없이 비싼 것 같아도 볼 때마다 즐겁고 평생 만족스럽
게 쓸 수 있다.

조화롭게 그리고 심플하게

좋은 물건을 소유하고 있는 것만으로는 충분하지 않다. 그
물건들이 서로 조화롭게 어울리면서 일체감을 갖는 것이 중
요하다. 심플하다는 것은 꼭 필요한 약간의 물건들이 서로
조화를 이루는 것을 뜻하기도 한다.

다른 영역에서도 그렇지만 미와 관련된 영역에서는 마이
너스가 곧 플러스가 되는 경우가 많다. 한 송이 꽃봉오리처
럼 그 자체로 돋보이는 물건은 하나만 있어도 충분히 아름
답고 조화롭다. 꽃봉오리 하나에 자연, 계절, 사물의 비영속

성이 모두 담겨 있지 않은가.

거실에 도자기 인형을 잔뜩 늘어놓는다고 해서 집이 우아해지거나 안락해지지는 않는다. 오로지 장식을 위한 물건은 정체되고 경직되고 생기 없는 느낌을 준다. 차라리 아무 물건도 없는 빈 공간이 상상력과 창의력을 불러온다.

물건에 공간을 마련해 주고 존중해 주자. 최소한의 것을 가지고 최대한 활용하자. 그리고 삶에 가치와 스타일을 부여하자. 조화롭게 그리고 심플하게.

나를 지치게 하는 물건에게 이별을

한 사람이 소유하는 물건은 여행 가방 한두 개에 전부 담을 수 있을 정도여야 한다. 옷가지, 소지품 케이스, 좋아하는 사진이 든 앨범, 개인적인 물건 두세 가지면 된다. 그 나머지, 다시 말해 집에서 볼 수 있는 그 밖의 모든 물건(침구, 그릇, 텔레비전, 가구 등)은 개인적인 소유물로 여기면 안 된다.

실용성이 없는 물건은 치우자. 낡은 장롱은 푹신한 소파로 바꾸고, 은제품은 스테인리스로 바꾸고, 옷장에 걸어만 두는 옷은 질 좋은 니트로 바꾸고, 잡다한 인간관계는 진짜 친구들과 보내는 시간으로 바꾸고, 심리학자와의 상담 시간은 고급 샴페인 한 박스로 바꾸자! 그렇게 치우고 바꾸면서 지성, 감성, 마음, 아름다움, 신비로움의 세계에 속하는 것들만 남기자. 이 세상을 떠날 때는 집, 자동차, 돈, 그리고 몇 가지 아름다운 추억만 남기고 홀가분하게 나설 준비가 되어 있어야 한다. 은수저, 레이스 잠옷, 상속 문제, 비밀 일기장 같은 것은 남기지 않는 편이 좋다.

삶을 보다 즐겁고 활기찬 나날로 채워 가는 것은 오로지 자신에게 달렸다. 무기력한 생활, 그저 쌓아 둔 물건, 슬픈 노래, 침울한 사람들에게는 이별을 고하자. 쓸모없는 것들이 쌓여 있으면 좋지 않은 습관과 부담만 늘어나 판단력이 흐려지고 그 결과 우리의 생각, 마음, 상상이 가진 힘을 충분히 활용할 수 없게 된다. 적게 소유하는 생활방식을 선택하면 평화롭고 평온하게 살 수 있다. 그리고 소수의 사람만이 지니고 있는 무언가도 얻게 된다. 삶의 유연성이 바로 그것이다.

집과 여행 가방은 우리가 지극히 개인적인 물건을 두는 장소다. 그 안에 담겨야 할 것은 결국 영원한 유목민에 지나지 않는 우리 자신뿐인지도 모른다.

옷장

옷과 삶의 방식

이상적인 스타일은 옷이 아니라 자기 자신을 보여 주는 것이다. 옷차림에 생각이 드러나야 한다. 옷차림이 자신과 잘 어울릴 때, 그것이 바로 개성 있는 스타일이다. 개성 있는 스타일을 가진 사람은 유행을 거부할 줄 안다. 유행은 바뀌는 것이고, 스타일은 남는 것이다. 유행은 돈으로 사는 것이고, 스타일은 스스로 지니는 것이다. 유행은 눈길을 끄는 것이고, 스타일은 단순함과 아름다움과 우아함을 지향하는 것이다.

개성적이면서도 매력적인 스타일을 만들어 내는 비결은 심플함에 있다. 벽난로와 마룻바닥으로만 이루어진 거실, 소박한 찻잔 두세 개만 놓인 나지막한 찻상이 아름다운 것은 단순하기 때문이다. 건축과 인테리어에 적용되는 원리는 옷차림에도 적용된다.

옷과 몸의 관계는 몸과 마음의 관계와 같다. 우리의 옷차림은 우리 자신과 동일시되며 우리의 성격을 특징적으로 보여 준다. 따라서 옷차림은 보기에 좋고 활동하기에도 좋아야 하며 우리 자신의 개성과 스타일을 제대로 반영해야 한다.

어떤 옷차림을 만족스럽게 생각하는지는 중요한 문제다. 옷차림에 대한 생각은 삶의 방식에도 영향을 미친다. 어떻게 입어야 할지 머릿속으로 먼저 그려 보자. 스타일에 맞는 소품을 포함해서 전체적인 옷차림을 시간을 갖고 계획해 보자. 당신의 옷차림은 당신이라는 사람과 당신이 원하는 모습, 당신의 상상력, 결정력, 판단력, 창의력, 정치사상, 생활 방식을 대변한다. 당신이 입을 열기도 전에 당신에 대해 말해 준다.

옷차림에서 심플함을 우선시하면 삶의 모든 과잉으로부터 자유로워진다. 마음에 드는 옷을 입으면 기분이 좋아지듯 자신에게 어울리는 옷차림은 내면의 평화를 가져온다. 우리가 입는 옷은 친구가 될 수도 있고 적이 될 수도 있다. 우리를 돋보이게 할 수도 있고 안 좋은 이미지를 줄 수도 있다. 그리고 옷은 우리의 행동을 변하게 만드는 신비한 힘까지 지니고 있다.

자신에게 맞는 스타일

우리는 매일 많은 선택을 해야 하며, 이러한 선택이 우리 자신을 세상에 하나밖에 없는 존재로 만들어 준다. 스스로 원하는 이미지 그리고 남들에게 보이고 싶은 이미지를 만들어야 한다. 별생각 없이 선택한 옷차림을 비롯해 일상생활을 이루고 있는 모든 작은 부분들이 곧 자신의 이미지가 될 수 있음을 잊지 말자.

옷차림은 그 사람의 취향만 보여 주는 게 아니라 지성과 유머, 센스도 보여 준다는 점을 기억하자. 그리고 스타일은 한 가지만 추구하자. 너무 많은 사람을 따라 하려고 하면 이도 저도 아닌 스타일이 되기 쉽다. 자기 자신에 대해 알아야 자신만의 스타일을 가질 수 있다.

사람은 나이가 들수록 더 세련된 스타일을 추구해야 한다. 여기서 말하는 세련된 스타일이란 당당한 스타일 그리고 평온한 기품이 흐르는 스타일을 뜻한다. 고상한 사람은 자신을 크리스마스트리처럼 꾸미지 않는다. 일하는 자리에서는 단정한 정장을 입고, 파티에서는 단순하고 우아한 차림에 액세서리 한두 가지를 곁들인다. 그리고 사람들의 시선을 즐긴다. 자신이 매력적이라는 사실을 알기 때문이다.

우아한 스타일을 원한다면 색상은 베이지, 그레이, 화이

트가 좋다. 블랙은 물론 말할 것도 없다. 블랙은 단순하면서도 화려한 색이다. 블랙과 화이트는 모든 것을 다 받아 주는 색이다. 그 두 색상은 절대미를 지니고 있으며 우리에게 핵심을 보여 준다. 모든 피부, 머리카락, 눈동자, 보석 색과도 잘 어울린다. 단순하고 우아한 스타일을 원할 때는 알록달록한 꽃무늬나 물방울무늬, 줄무늬가 들어가 있는 옷은 되도록 피하는 게 좋다. 몸에 지나치게 달라붙거나 헐렁한 옷도 전혀 우아해 보이지 않는다. 자기한테 어울리는 옷, 편안하면서도 우아하고 매력적으로 보이는 옷을 찾아야 한다.

자신에게 맞는 스타일은 스스로를 만족시킨다. 옷차림이 완벽하고 우아하면 자신감이 생기고 그런 자신감은 남들도 알아차린다. 잘 선택한 옷과 액세서리는 자신에게는 물론 다른 사람들에게도 즐거움을 준다. 그러므로 옷장에는 자신감을 줄 수 있는 옷만 두자.

옷장 법칙 1: 옷장은 단순하게

당신이 가지고 있는 옷은 어떤 것들인가? 우리에게는 어떤 옷이 필요할까? 잘 살기 위한 조건과 마찬가지로 옷차림에도 단순함과 상식, 조화가 필요하다. 이번에도 역시 마이너스가 곧 플러스가 된다.

스타일을 망치는 옷을 사는 실수는 누구나 해본 적이 있을 것이다. 그런데 그렇게 잘못 산 옷, 자기한테 안 어울리는 옷을 입고 있으면 불만을 상쇄하려고 먹는 일에 집중하게 된다. 사실 우리는 가진 옷의 20퍼센트를 80퍼센트의 시간 동안 입는다고 한다. 그 나머지 옷은 기분을 안 좋게 하거나, 불편하거나, 한물간 것들이다.

버릴 옷은 버리고 좋아하는 옷만 남기자. 원하는 스타일로 변신하기에 너무 늦은 때란 없다. 오늘 당장 그 스타일에 한 걸음 다가가면 된다. 자신에게 어울리지 않는 옷, 오래된 옷, 짝이 안 맞는 옷, 너무 작은 옷, 왠지는 모르겠지만 안 입게 되는 옷은 치우자. 생각과 달랐던 옷, 잘못 산 옷, 홧김에 산 이상한 옷도 모두 치우자. 모든 '너무한' 옷은 버리자. 한물간 옷을 입으면 사람도 한물가 보인다. 지금 어울리지 않는 옷을 나중에 살이 빠지면 입겠다고 보관하지 말자. 살이 빠지면 당신은 분명히 새로운 스타일의 옷을 다시 장만하고 싶어질 것이다.

옷장을 열면 질서 있고 평화로운 느낌이 들게 하자. 옷장을 채우는 가장 현명한 방법은 색상을 전체적으로 두세 가지 계열로 제한하고, 그 밖의 색은 기분 전환용으로 몇 벌만 신중하게 추가하는 것이다. 기본적인 스타일의 옷, 1년에 8개월은 입을 수 있는 옷, 한 벌로 입을 수도 있고 따로 입을 수도 있는 옷으로 채우자. 벨벳, 가죽, 실크, 모, 캐시미어처럼 소재별로 갖추는 것도 좋은 방법이다. 그런 옷장에서는 아침에 옷을 골라 입기가 쉽다. 한 번씩 안 입는 옷을 추려 내서 버리는 일도 없어진다. 서로 잘 어울리는 옷 십여 벌만 있으면 어떤 자리에도 갈 수 있다. 그리고 걸칠 게 없다 싶으면 좋은 청바지를 두세 벌 구비해 두자. 편하면서 실용적이고 보기에도 좋은 옷은 청바지만 한 게 없다.

옷을 적게 소유한다는 것은 '대충 걸칠 것'과 '그나마 덜 이상한 것'으로 가득 찬 옷장 앞에서 뭘 입을지 망설이는 일이 없어진다는 것을 의미한다. 인생을 고달프게 만드는 문제 하나가 사라지는 것이다. 마음에 꼭 드는 옷이 생기면 옷차림에 신경을 쓰는 스트레스가 없어진다. 아침에 출근할 때도 가벼운 발걸음으로 기분 좋게 집을 나서게 된다. 버릴 건 버리고 남길 것만 남기면 정리하기도 더 쉽다. 싫어하는 옷을 걸어 놓고 매일 불평하느니 큰맘 먹고 쓰레기통에 버리는 편이 정신 건강에는 더 좋다.

옷장 법칙 2: '진짜 옷'을 적당하게

캘리포니아를 여행하던 중에 옷 가방을 잃어버린 적이 있다. 만약 당신한테 그런 일이 생긴다면 당신은 어떤 옷을 사겠는가?

당신이 가져야 하는 것은 '진짜' 옷이다. 수명이 한철밖에 안 되는 옷은 모두 치우자. 옷은 수십 번 입고 세탁해도 변형되거나 보풀이 생기는 일이 없을 정도의 품질을 갖춰야 한다. 바지나 재킷, 코트 같은 몇 가지 기본 아이템은 계절별로 두고 티셔츠나 블라우스는 다양하게 구비하자. 집에서 지내는 시간이 많다면 옷도 그에 맞게 마련하자.

속옷과 잠옷, 그 밖의 소품도 잘 생각해서 구비해야 한다. 입지도 못하는 요상한 속옷을 어디에 쓰겠다고 모아 놓는가? 스타킹이나 양말도 6개월 치씩 쟁여 둘 필요는 없다. 정확한 판단력과 상식은 바로 이런 세부적인 아이템에서 드러난다.

옷장 법칙 3: 가방은 멋스럽게

현대인들은 집 밖에서 생활하는 시간이 많고 따라서 가지고 다닐 것도 많다. 열쇠, 돈, 휴대폰, 수첩, 화장품, 약, 사진 등 당신에게 필요한 모든 것은 가방 안에 들어 있다. 가방의 내용품은 그 주인에 대해 많은 것을 말해 준다. 단정한지, 칠칠치 못한지, 부주의한지, 독특한 것을 좋아하는지, 먹는 것을 좋아하는지, 멋을 많이 부리는지, 청결한지, 지저분한지, 거짓말을 잘하는지 등. 그리고 가방은 그 사람의 모습을 대변하거나 사회적 지위를 말해 주거나 비밀을 숨겨 주기도 한다.

가방은 부족한 부분을 보완해 준다. 몸매가 완벽하지 않아도, 비용을 적게 들여도 멋스럽게 들 수 있다. 단순한 원피스나 정장도 다양하게 연출할 수 있다. 요즘에는 무한히 많은 스타일의 가방이 존재한다. 하지만 결국 남는 것은 고전적인 스타일의 가방이다.

가방은 지극히 개인적인 영역이자 정체성의 일부분이다. 가방에는 당신의 세계와 생활방식이 담겨 있다. 가방은 장식적, 보호적, 사회적 역할을 하며 심리적인 역할을 하기도 한다. 그 사람의 열망과 관심사를 반영하고 꿈과 비밀을 담는다. 물론 가방이 삶을 결정짓는 전부는 아니지만 삶에 관여하는 것만은 분명한 사실이다. 그러므로 우리는 가방을 잘 선택해야 한다.

아침마다 다른 것으로 바꿔 들지 않아도 될 만큼 아름답고, 가득 채워도 들기 쉽게 가볍고, 휴지나 교통카드를 찾는데 1분 이상 걸리지 않도록 안주머니가 잘 갖추어져 있고,

오래 써도 망가지지 않는 질이 좋은 것을 고르자. 특히 안감은 질긴 소재에 안주머니가 여러 개 갖춰져 있어서 화장품, 거울, 지갑 등 각종 소지품을 거뜬히 넣어 다닐 수 있는 것으로 고르자. 똑똑하게 설계된 가방에는 화장품, 휴대전화, 선글라스, 휴지, 신용카드를 위한 칸이 따로 마련되어 있고 열쇠고리도 달려 있다.

좋은 가방을 사는 것은 현명한 투자다. 한철밖에 못 들고 나중에는 처치도 곤란한 가방 열 개보다 좋은 가방 하나가 더 낫다. 가방은 언제 어디서든 우아하게 사용할 수 있는 것 하나만 있으면 된다. 과도한 소비를 조장하는 현대사회의 흐름에 역행하는 가방, 즉 오랫동안 기분 좋게 사용할 수 있는 것으로 장만하자. 좋은 가방은 우리를 순식간에 질서와 아름다움과 즐거움만이 존재하는 장소로 데려갈 것이다.

옷장 법칙 4 : 여행 가방도 심플하게

여행 갈 때 짐 가방이 너무 많거나 무거우면 시간도 돈도 많이 든다. 수화물 보관소에 맡겨야 하고, 택시를 타야 하고, 공항에서 짐을 찾을 때 오래 걸리고, 팔도 아프고, 짜증이 난다. 짐의 무게를 줄일 수 있다면 칫솔 손잡이에 구멍을 뚫는 일도 마다해서는 안 된다. 여행을 갈 때는 비누도 다용도 제품으로 가져가 머리도 감고 샤워도 하고 옷도 빨자. 오일도 다용도 제품으로 가져가 얼굴에도 바르고 손톱, 머리카락, 몸에도 바르자. 짐을 하나라도 줄여야 한다는 얘기다! 필요한 물건은 큰 짐 가방, 중간 크기의 소지품 가방, 그리고 지갑처럼 들고 다닐 작은 손가방, 이렇게 세 개로 모두 해결되어야 한다.

여성의 화장품 가방은 평상시뿐만 아니라 여행할 때도 유용하다. 여성에게 화장품 가방은 만일의 경우를 대비하기 위한 대표적인 물건이며, 비밀의 화원이자 충실한 하인과도 같다. 화장품 가방에는 화장품 외에 약이나 보석, 아주 개인적인 물건도 보관한다. 화장품 가방만 잘 챙기면 외출이나 주말여행 준비도 3분 만에 끝낼 수 있다. 호텔 방에서 제일 먼저 여는 게 화장품 가방이고, 욕실에 너저분하게 널려 있는 물건을 정리해 주는 것도 화장품 가방이다. 여행 갈 때 칫솔은 화장품 가방에 넣어 두는 게 좋다. 열다섯 시간이나 비행기를 탄 후에 칫솔 하나 찾겠다고 짐 가방을 바닥까지 뒤져야 하는 건 썩 유쾌하지 않은 일이다. 화장품 가방의 또 하나의 장점은 크기가 그렇게 크지 않기 때문에 물건을 너무 많이 소유하지 않게 도와준다는 것이다.

옷, 완전한 삶의 일부

잘 입는 것은 사치가 아니다. 균형 잡힌 삶을 위해서는 잘 입을 필요가 있다. 옷은 우리의 겉모습이며 최상의 겉모습을 갖고 싶어 하는 것은 잘못이 아니다. 잘 입는 것은 안락한 집에 살거나 세련된 취미를 갖는 것만큼이나 중요하다. 요컨대 잘 입는 것은 완전한 삶의 일부분이며 정신적 안정과 관련된 문제다.

식비나 자녀 교육비를 위해 예산을 짜듯이 옷을 위한 예산을 세우자. 그리고 원하는 옷과 필요한 옷이 어떤 것인지 생각하자. 어떤 아이템을 살 때는 그것이 이미 가지고 있는 다른 아이템과 어울리는지부터 확인하자. 이 원칙은 쇼핑할 때마다 염두에 두어야 한다. '수지가 맞다'는 이유만으로는 절대로 사지 말자. 비싸게 산 옷이라면 그만큼 자주 그리고 오래 입을 수 있어야 한다. 즉 비싼 옷일수록 입을 만한 옷이어야 한다. 될 수 있으면 기본적인 옷, 믿을 만한 브랜드의 옷, 관리하기 쉬운 옷을 고르자. 클래식한 아이템을 구비하는 것도 하나의 기술이다. 신발은 어떤 옷에도 받쳐 신을 수 있는 검정색 가죽 구두부터 장만하자.

옷은 항상 잘 정리하자. 제대로 걸어 놓고, 개어 놓고, 통풍이 잘되게 해주어야 옷이 오래간다. 제철이 아닌 옷은 다른 곳에 두자. 그래야만 옷장을 열 때마다 옷을 뒤지는 일이 없다. 옷을 몸처럼 아끼자. 옷장을 향기롭게 하고 모직 제품은 해충을 피할 수 있도록 작은 비누 조각과 함께 상자에 넣어 보관하자. 옷걸이는 나무 소재로 된 좋은 것을 장만하고 세탁소 옷걸이나 옷을 살 때 주는 옷걸이는 모두 버리자. 옷걸이만 제대로 갖추어도 옷장을 고급 의상실처럼 만들 수 있다. 나무 옷걸이는 서로 부딪치는 소리마저 듣기 좋다. 그러면 옷장을 열 때마다 기분이 좋아진다.

자기 관리를 할 때 무엇보다 먼저 생각해야 할 것은 건강, 재정 상태, 그리고 아름다움이다. 정성을 들인 좋은 옷차림에서는 긍정적인 에너지가 나온다. 소극적인 태도를 버리자. 당신은 변할 수 있다. 당신도 빛날 수 있다. 자기 자신에게 약간의 시간과 관심, 사랑을 투자하면 자신감 있는 사람이 될 수 있다.

시간

진짜로 소유할 수 있는 것

우리가 진정으로 소유할 수 있는 단 한 가지는 하루하루의 시간이다. 우리 인생은 어제도 내일도 아닌 바로 오늘이다. 시간은 신성한 선물이다. 현재라는 시간을 누리지 못하는 사람은 미래의 시간도 누리지 못한다. 하지만 시간을 그저 가지고 있기만 해서는 안 된다. 중요한 것은 시간의 질이다. 지금 하고 있는 모든 것이 미래를 위한 준비가 된다는 점을 잊지 말자. 모든 건 차곡차곡 쌓이는 법이다.

시간을 잘 보내는 법

'시간을 낭비했다', '시간을 잃었다', '시간이 충분하지 않다'

이렇게 우리는 시간을 두고 불평할 때가 많다. 하지만 혼자서 기차를 두세 시간씩 기다려야 할 때도 불평 없이 시간을 잘 보낼 줄 알아야 한다.

매 순간을 가장 효과적으로 보내는 방법 가운데 하나는 자기 앞에 주어진 일을 하는 것이다. 가능한 한 모든 일을 자기 힘으로 하자. 자주 우울하거나 서글픈 사람은 할 일이 없기 때문에 그런 것이다. 매일 아침 하루의 시작을 감사하게 생각하자. 그 하루가 좋은 날인지 아닌지는 별로 중요하지 않다. 중요한 것은 당신이 그 하루로 무엇을 하느냐는 것이다.

우리는 과거를 후회하거나 현재 속에 경직되어 있거나 미래를 걱정하는 데 너무 많은 시간을 보낸다. 이렇게 시간을 허비하지 않기 위해서는 무엇보다 먼저 시간을 어떤 식으로 보내고 있고 시간에 대해 어떻게 생각하고 있는지 정확히 알아야 한다. 이것이 시간을 잘 보내기 위한 첫걸음이다.

우리가 매일 할 일

일상에서 30분씩 산책을 하자. 될 수 있으면 5분이라도 낮잠을 자자. 집안일은 계획을 짜서 하자. 장은 일주일에 한 번 모아서 보자. 판에 박힌 생활을 피하자. 커피만 마셔 왔다면 차를 마셔 보고 늘 가던 길이 아닌 다른 길로 가보자. 좋아하는 작가의 책 읽기, 여행 계획하기, 가족과 친지의 경조

사 챙기기 등 당신이 중요하게 여기는 일에 매일 15분씩 할애하자. 좋아하는 사진들이 담긴 앨범을 보자. 앨범은 당신의 삶이 어떻게 흘러가고 있는지, 당신의 생활이 어떤 요소로 이루어져 있는지, 어떤 사람들과 장소가 당신에게 영향을 주었는지 알려 준다. 사진을 보는 것은 자신의 모습을 되찾는 한 방법이다. 한 번에 한 가지씩 하자. 우아하면서도 단호하게 거절하는 법을 배우자. 보다 느린 리듬으로 살자. 적게 소유하자.

일터에서 전화는 차분하게 받자. 일에 매달리는 시간을 줄이고 야근은 거절하자. 온종일 일에 묶여 있지는 말자. 책상에 서류는 당장 처리할 업무를 위한 것만 빼고 모두 치우자. 서류 더미가 눈앞에서 해야 할 일을 계속해서 일깨워 주고 있으면 스트레스와 혼란이 생긴다. 이메일에는 빨리 답하고 일을 마무리 짓지 않은 채로 남겨 두지 말자.

시간 법칙 1: 현재에 집중하기

두려워해야 하는 것은 미래가 아니라 현재 우리가 놓치고 있는 순간이다. 현재의 순간을 놓치지 않으려면 집중하는 능력을 키우고 잡념은 모두 밀어내야 한다. 더불어 정신이 맑아야 한다. 정신이 맑으면 창의력과 결단력, 지성, 지혜가 충만해진다. 충만한 삶은 완전히 깨어 있어 자유롭고 통찰력 있는 정신을 전제로 한다.

지금 하고 있는 것만 중요하게 여기자. '지금'과 '여기'에 집중하면서 천천히 행동하자. 그래야만 순간의 질이 높아진다. 순간의 질을 바꿀 수 있는 능력은 아주 귀중한 재능 가운데 하나다. 우리 세포 하나하나가 다른 모든 세포와 연결되어 있는 것과 마찬가지로 짧은 한순간이 다른 모든 순간에 영향을 미친다.

선 사상에서는 한 가지를 하더라도 제대로 하는 것을 중요하게 여긴다. 음악을 듣든 책을 읽든 풍경을 감상하든 오로지 자신이 하고 있는 것에 집중해야 한다는 것이다. 하지만 사람들은 대개 자신이 실제로 하고 있는 것보다는 해야 할 것에 대한 생각에 더 많이 사로잡혀 지낸다. 현재의 순간에 집중해서 살아야 피로하지 않다. 집중할 게 없는 사람은 우울해지기 쉽다. 현재에 집중해서 살자. 이는 의문을 제기할 것 없이 지켜야 하는 원칙이다.

시간 법칙 2 : 만일을 대비하기

병에 걸려서 언제 병원에 실려 갈지 모를 상황에 있었던 어느 여성에 대한 이야기를 들은 적이 있다. 이 여성은 20년 동안 매일 저녁 입원 준비를 했다고 한다. 다음 날 먹을 음식을 준비해놓고, 옷가지를 챙겨 두고, 청소를 하고, 작은 여행 가방을 꾸려 현관에 갖다 놓은 뒤에야 잠자리에 든 것이다. 그녀는 자기가 입원하더라도 가족에게 아무런 폐를 끼치지 않기를 원했고, 그렇게 자신에게 주어진 운명을 최대한 침착하게 받아들이는 삶을 살았다.

친구의 갑작스러운 방문, 별안간 쏟아지는 소나기, 응급 상황, 급한 초대 등 혹시 일어날지도 모를 일에 대비가 되어 있으면 마음이 훨씬 편안하다. 만일의 경우에 대비하는 건 현재의 순간에 집중하면서 살 수 있는 최선의 방법이기도 하다.

시간 법칙 3 : 일상을 특별하게 만들기

먹고 대화하고 집을 청소하는 것처럼 평범한 행동도 신성한 것으로 만들 수 있다. 우리가 그 행동을 신성한 의식처럼 하면 된다. 일상적인 일을 의식으로 만들자. 아침에 마시는 커피의 첫 모금, 화장을 하는 시간, 오후의 윈도쇼핑, 오랫동안 갖고 싶었던 물건을 사는 순간, 사랑하는 사람이 계단을 올라오는 소리, 비 오는 일요일의 몽상, 팝콘 한 통을 들고 비디오를 보는 저녁, 새로운 결정을 내려야 하는 월요일 아침 등등.

당신의 삶에는 어떤 의식이 있는가? 그 의식은 당신에게 어떤 의미가 있는가? 몽테뉴는 현재의 순간에 충실한 삶에는 의식이 많다고 말했다. 의식은 일상생활의 압박과 요구에 구속되어 살아가는 우리에게 위안을 준다.

삶이란 결국 인식의 문제다. 평범한 일상생활을 의식을 통해 특별한 것으로 만드는 것은 오로지 우리 자신에게 달려 있다. 인생을 잘 사는 것은 일종의 습관이며, 의식은 잘 사는 습관을 기르도록 도와준다. 우리가 의식에 의미와 매력을 부여하면 삶의 온갖 영역은 풍요로워지고 만족과 신비, 평화, 질서가 찾아온다. 의식은 일상을 신성하게 만들고 우리 세계에 또 다른 의미를 부여한다.

그렇지만 의식을 지키지 못했다고 해서 죄책감을 느낄 필요는 없다. 어떤 의식을 무시했는데도 아쉽지 않다면, 그것은 생각한 만큼 행복에 도움이 되지 않는 것이었기 때문이다. 의식은 만족감을 주는 것이어야 한다. 그리고 만족감을 주는 의식이라면 가능한 한 열심히 성의 있게 지켜야 한다.

의식에 대한 몇 가지 제안

글쓰기 의식 글을 쓰는 행위도 하나의 의식으로 만들 수 있다. 그날 있었던 일, 갑자기 떠오르는 생각, 기억하고 싶은 글귀 등을 차분히 적어 보자. 이때는 장소의 분위기, 종이와 펜의 질, 노트의 형태와 크기, 의자의 안락함, 책상과 조명 등이 중요하다.

다이어리 의식 꼭 필요하면서 실용적인 물건은 낱장을 쉽게 끼웠다 뺄 수 있는 다이어리다. 이것만 있으면 메모나 청구서, 영수증, 요리 레시피 등이 이곳저곳을 돌아다닐 일이 없다. 따라서 삶의 세세한 부분들을 체계적이고 유연하게 정리할 수 있다, 다이어리는 지나치게 크지도 작지도 않아서 눈에도 잘 띄고 가방에 넣고 다니기도 좋아야 한다.

장보기 의식 장을 볼 때는 제일 좋은 것을 찾는 수집가가 된 것처럼 물건을 고르자. 보기에 좋고 쓰기에도 좋은 장바구니, 예산에 맞게 돈을 넣은 지갑, 필요한 것을 적은 목록을 가지고 다니면서 제일 좋은 것만 당신의 것으로 만들자. 싱싱한 채소, 맛있는 과일, 정직한 상인을 찾아내는 일에는 시간과 참을성이 필요하다.

목욕 의식 세안과 머리 감기, 목욕을 위한 제품은 꼭 필요한 만큼만 갖추되 품질이 좋은 것을 고르자. 목욕하는 시간을 의식으로 만들려면 필요한 모든 것이 물에 들어가기 전에 준비되어 있어야 한다. 목욕 후에는 욕실을 깨끗이 정리하고 나오는 것도 중요하다. 그래야만 완벽하게 개운한 기분을 맛볼 수 있다.

꽃 의식 꽃에는 특별한 힘이 있다. 자기 자신에게 일주일에 한 번은 꽃을 선물하자. 침대 머리맡에 장미꽃 한 송이만 놓아도, 욕실에 안개꽃 한 묶음만 놓아도 집과 당신의 마음은 한결 밝아질 것이다. 꽃은 생기를 가져다준다. 신선한 공기와 과일이 그렇듯 꽃은 안락한 생활에 꼭 필요한 요소다.

일상에 쉼표를 찍는 휴식

휴식을 취하자. 사흘간의 주말 휴가를 계획하자. 매스미디어와 혼잡함과 모든 걱정거리로부터 멀리 떨어진 조용한 장소로 달아나자. 식사가 해결되고 은둔하기에 좋은 숙소를 찾아내자. 당신에게 맞는 여러 종류의 장소에 관해 알아보고 정보를 모아 두자. 여행이 필요한데 피곤해서 결정을 내릴 기운도 없는 그런 날을 위해서 미리 준비해 두자.

떠날 때 물건은 되도록 적게 가져가자. 짐이 많으면 여행을 망친다. 갈아입을 옷, 세면도구, 볼펜, 수첩이면 충분하다. 물건 때문에 신경 쓸 일을 만들지 말자. 우리는 대부분의 시간을 물질적인 소유물에 지나치게 사로잡혀 지낸다. 휴식을 취할 때만큼은 그 소유물에서 멀어지자.

가끔은 조금 일찍 일어나 분위기 좋은 카페에서 아침을 먹자. 저녁에는 도시락을 준비해 일몰을 보러 가는 것도 좋다. 때때로 '속도 바꾸기'를 하면 타성에 빠지지 않고 매 순간을 보다 열심히 살 수 있다.

삶을 심플하게 만들면 더 많은 에너지를 얻을 수 있다. 다른 데 에너지를 빼앗기지 않아야 현재의 순간에 집중할 수 있고 우리 주변에 있는 것을 제대로 누릴 수 있다. 하지만 주변 상황에 수동적으로 끌려다니면서 에너지를 빼앗기는 사람이 너무 많다. 이들은 제대로 된 휴식은 엄두도 내지 못한 채 오히려 자기 자신을 더욱 몰아쳐 괴로움을 잊으려고 애쓴다.

가장 고상한 형태의 활동은 멈추어 서서 자기 자신에 대해 깊이 생각하는 것이다. 삶의 매 순간에 집중하면서도 제대로 된 휴식을 통해 에너지를 얻는 이러한 활동은 우리를 독립적이고 자유로운 존재로 만들어 준다.

게으름의 달콤함

게으름은 나태함이 아니라 일종의 사치스러움이다. 게으름은 즐겨야 하고 누려야 하는 것이다. 게으름은 하늘이 준 선물처럼 도둑맞았다가 되찾은 시간과도 같다. 게으름은 소유하고 관리할 물건이 별로 없는 사람에게 주어지는 하나의 특권이다. 우리는 신경 써야 하는 물건이 너무 많다. 그러므로 물건에 할애하는 시간을 우리 마음대로 쓸 수 있는 시간으로 바꿔야 한다.

할 일이 적을수록, 생각하고 꿈꾸고 게으름을 피울 시간이 많아진다. 온종일 집에서 시를 읽고 요리를 하고 좋은 포도주를 마시고 달을 보면서 시간을 보내자. 집안일을 단순하게 만들고 창의력을 키우고 당신의 몸을 돌보고 당신의 정신이 지닌 능력을 관리하자.

돈

돈은 곧 에너지

삶이 복잡해지는 이유는 우리가 돈에 대해 그것에 걸맞은 중요성을 부여하지 못하기 때문이다. 돈이 삶의 여러 측면에 어떤 영향을 미치는지 이해해야 한다. 돈이 자연, 생각, 기쁨, 자존심, 집, 환경, 친구, 사회 등과 어떤 관계에 있는지 생각해 보자. 사실 돈은 모든 것과 관계가 있다.

돈은 일종의 힘이다. 그리고 이 돈이라는 힘은 우리가 원하든 원하지 않든 우리 삶의 한 부분을 구성한다. 혈액이 우리 몸에서 잘 돌면 그것은 우리가 건강하다는 뜻이다. 마찬가지로 돈이 우리 삶에서 잘 돌아갈 때 우리는 경제적으로 건강해진다.

물론 생계가 힘들어서 무조건 아낄 수밖에 없는 상황이라면 경제적인 건강을 추구하기란 어려운 일이다. 하지만 돈은 적든 많든 분별 있게 쓰는 게 중요하다.

돈은 에너지다. 그러나 안타깝게도 우리는 돈이라는 에너지가 새어 나가도록 내버려 둘 때가 많다. 충동을 제대로 다스리지 못해 판단력이 흐려진 탓이다. 돈을 어떻게 쓰는지는 각자에게 달려 있다. 이는 우리에게 주어진 에너지를 어떻게 쓰느냐의 문제다. 적게 소유하는 것에 만족하는 삶은 돈이라는 에너지를 보존하는 최상의 방법 가운데 하나다. 가치 없는 물건에 돈을 쓰는 것은 곧 에너지를 낭비하는 일임을 명심하자.

돈의 법칙 1: 돈의 노예가 되지 말 것

어렸을 때 처음 용돈을 받은 날 이후로 수중에 들어온 돈이 얼마나 되는지 계산해 본 적이 있는가? 그렇다면 지금 얼마나 가지고 있는가?

우리는 쓸데없는 물건과 잠깐의 즐거움에 돈을 너무 많이 낭비한다. 우리가 돈이 없는 것은 어디에 큰돈을 투자해서가 아니라 이제는 생각나지도 않는 온갖 자잘한 것들에 돈을 썼기 때문이다. 식당에서 너무 많이 먹어 속이 거북하다거나 비싼 가격 때문에 소화가 안 될 정도라면 그것은 낭비다. 후회할 물건을 사는 것, 가령 첫 세탁에서 색이 빠지거나 줄어드는 저렴한 스웨터, 등이 배기는 품질 나쁜 매트리스를 사는 것 역시 낭비다.

자기 분수에 넘는 지출을 피하고 돈을 저축하는 것은 실리적인 선택이며 이러한 선택은 안정감을 준다. 우리는 각자 자신의 삶을 안정적으로 꾸려 갈 계획을 세워야 한다. 꼭 필요한 돈만 쓰는 것이 안정된 삶에 이르기 위한 가장 확실한 방법이다.

돈은 두 부분으로 나눌 수 있다. 한 부분은 생활을 위한 것이고 나머지 한 부분은(남는 게 있다면) 저축을 위한 것이다. 저축은 그 돈을 쓰기 위해서 하는 것이 아니다. 미래에 대한 불안을 줄여 더 긍정적이고 행복하게 살 수 있기 때문에 하는 것이다.

돈의 노예가 되지 말고 주인이 되자. 금전적으로 남에게 의존하는 사람이 되지 말고, 빚의 악순환에 빠지지 말자. 버는 것보다 절대 더 많이 쓰지 말고, 매달 조금씩이라도 저축하자. 이 모두가 쉬운 것처럼 보여도 쉽지만은 않은 일이다. 그렇지 않다면 분수에 넘는 생활로 빚을 지고 고달프게 살아가는 사람이 왜 그렇게 많겠는가?

돈의 법칙 2 : 있을 때 아껴 쓸 것

모든 사람이 가능한 한 오랫동안 지니고 싶어 하는 한 가지
는 바로 건강이다. 좋은 음식을 먹되 소식하고, 예방의학에
서 알려 주는 충고를 따르고, 긍정적으로 생각하려고 노력하
고, 자기 자신을 진정으로 돌보면 우리는 누구나 더 건강해
질 수 있다. 그리고 무엇보다 건강은 건강할 때 지켜야 한다.

　돈, 가전제품, 옷, 물건 등 우리가 가진 것들도 마찬가지
다. 우리는 너무 풍족하게 살아서 지금과는 다른 삶이 닥칠
수도 있다는 것은 상상도 하지 못한다. 배고픔이나 부족함
을 경험한 적이 없기 때문에 언제까지나 풍족할 거라고 믿
는 것이다. 무조건 있을 때 아껴 써야 한다.

돈의 법칙 3 : 가계부로 삶을 관리할 것

수입과 지출에 대한 기록을 모두 남기자. 가진 돈은 얼마이
고 써도 되는 돈은 얼마인지 언제나 정확히 파악하고 있자.
그러면 더 많이 절약하고, 재정 상태를 잘 관리하고, 삶을 심
플하게 만드는 데 도움이 된다. 헨리 데이비드 소로는 돈거
래를 할 때 자기 손가락으로 직접 계산하는 것을 좋아했다
고 한다. 수중에 돈이 얼마나 들어오고 나가는지 그처럼 꼼

꼼하게 관심을 두자.

대부분의 돈 문제는 통제하기 힘든 '욕구'보다는 아무 생각 없이 돈을 쓰는 '습관'에서 비롯된다. 즐겨 먹는 간식, 간식 때문에 찐 살을 빼기 위한 다이어트 제품, 더 아름다워지기 위한 치과나 피부과 시술 등 이런저런 곳에 쓰는 돈이 얼마나 되는지 계산해 보자. 지출 내역을 모두 적어 두면 힘들게 번 돈을 생각 없이 낭비하지 않을 수 있다.

신용카드는 꼭 필요할 때만 사용해야 한다. 신용카드를 쓰기 시작하는 순간 지출은 늘어난다. 금융업 역시 일종의 장사이기 때문에 그 혜택을 이용하면 비용을 치러야 하는 법이다. 집을 구매할 때처럼 아주 큰 비용이 필요한 경우가 아니면 빚을 내거나 할부로 사는 일은 가능한 한 피하자. 마음에는 들어도 당장 사기에 너무 비싼 물건은 구입을 미룰 줄 알아야 한다.

은행 계좌는 하나만 두고 신용카드는 한두 장만 가지자. 그리고 한 달에 두 번씩 식탁에 향긋한 커피와 음악을 준비해 놓고 조용히 가계부를 정리하자. 귀찮다는 생각은 하지 말고 평온한 마음으로 의식을 치르듯이 영수증들을 확인하자. 자신의 재정 상태는 바로 자신에게 달려 있음을 기억하자.

무분별한 소비의 대가

돈을 무분별하게 쓰다 보면 불필요한 물건들에 파묻혀 살게 된다. 없어져도 아쉽지 않은 물건, 벽장 구석이나 창고 상자에서 나오기 전까지는 집에 있는지도 몰랐던 물건, 쓸모도 없이 걸리적거리기만 하는 물건이 늘어나는 것이다.

물건 가운데는 가지고 있을 가치가 없는 것들이 많다. 불필요한 물건으로 가득 찬 집 때문에 보험료를 내고, 쓰지도 않는 물건들을 쓸고 닦고 털면서 시간을 보내는 것은 시간과 에너지를 낭비하는 일이다. 그저 휴식을 취하거나 풍경을 바라보고 있는 편이 쓸데없는 물건에 시간과 에너지를 낭비하는 것보다 낫다. 무분별한 소비를 하다 보면 같은 물건을 두 개 사놓고 거추장스러워하는 경우도 종종 생긴다.

교육과 도덕이 타락한 현대사회에서 사람들은 소유욕을 조장하고 파렴치한 위선을 종용한다. 우리는 입고 먹고 즐기는 각종 유행에 휩쓸려 판단력을 잃은 채 노예로 살아가고 있다. 돈의 가치를 제대로 이해하고 돈을 진지하게 생각하는 사람은 별로 없다. 돈은 무엇보다도 인생의 톱니바퀴들이 잘 돌아가게 하기 위한 윤활제로 사용되어야 한다. 돈에 휘둘리지 않고 무분별한 소비를 경계한다면 소비사회가 야기하는 문제에 현명하게 대처할 수 있을 것이다.

깨끗하게 산다

깨끗한 공간이 주는 위안

승려는 청소를 하고 정원을 가꾸는 일도 명상을 할 때처럼 수련하는 자세로 임한다. 승려는 자신의 주변 세상을 아끼고 존중한다. 자신이 바로 그 세상 덕분에 살고 있음을 알기 때문이다. 승려는 빗자루를 신성한 물건으로 여기며, 빗자루를 사용해 청소할 때는 자신의 마음부터 먼저 깨끗이 한다. 선불교에서는 청소를 자기 자신을 깨끗이 하는 일이라고 가르친다. 물건을 제자리에 놓고 방을 정돈하는 것은 곧 세상을 깨끗이 하는 것을 뜻한다. 이러한 수행이 어떤 도움을 주는지는 아흔 살 승려의 평온한 얼굴을 보는 것으로 충분하다.

깨끗한 공간은 마음에 위안을 준다. 반짝반짝 빛나는 그

룻은 평화를 준다. 청소를 비롯해 이런저런 일상의 일거리
는 인생의 한 부분이며, 이 일거리들에 어떤 자세로 임하느
냐에 따라 하루가 달라지고 계절이 달라진다. 하루하루의
생활을 꾸려 가기 위해 몸을 충분히 움직인다면 신체적이나
정신적인 무기력증에도 걸리지 않을 것이다.

　청소는 품위 없는 노동이 아니라 인간과 자연의 본질을
되찾는 활동이다. 집안일은 삶에 꼭 필요한 요소다. 쓸고 닦
고 세탁하고 요리하는 일은 사람들의 건강을 지키고 자기
자신의 인생을 스스로 책임지는 일이다. 여자든 남자든 사
람은 자기가 더럽힌 것은 스스로 깨끗이 치울 줄 알아야 한
다. 남한테 그 일을 시킬 능력이 있는 사람도 마찬가지다. 물
리적인 노동의 세계를 무시해서는 안 된다. 그 세계에는 아
름다움과 올바름의 가치가 있다. 집을 청소하는 것은 이를
닦는 일과 같다. 꼭 필요한 일이라는 얘기다.

청소의 기술

청소하는 시간을 즐거운 시간으로 만들자. 청소에 맞는 복
장을 갖추고 음악을 틀어 놓고 유익한 운동을 한다고 생각
하자. 청소용 도구나 제품을 너무 많이 사용하는 것은 피하

자. 그런 물건들 역시 거추장스러움을 부를 뿐이다. 표백, 소독, 살균 기능을 두루 갖춘 하나의 제품처럼 효과가 좋은 두세 가지 정도만 사용하기 편리한 곳에 놓고 쓰자. 여러 층으로 된 집에 산다면 층마다 청소 도구를 한 세트씩 구비해 두어야 불필요하고 피곤한 이동을 피할 수 있다. 빗자루, 진공청소기, 양동이 등 대접받지 못하는 이 모든 물건을 위해서도 공간을 따로 마련해 주자.

살림의 요령

주방 깨지기 쉬운 접시 사이에는 부직포나 두꺼운 천을 끼워 놓는다. 용기에 내용물을 너무 가득 채우지 않는다. 신선한 채소는 물에 적신 키친페이퍼로 덮어 밀폐용기에 보관한다. 설거지를 할 때는 기름때에 강한 극세사 수세미를 사용한다. 통조림을 서랍에 보관할 때는 어떤 제품인지 확인하기 쉽도록 눕혀 둔다. 주방에는 깨끗한 행주와 핸드 타월을 충분히 준비해 둔다. 행주는 소독용 세제를 희석한 물에 매일 저녁 담가 놓는다. 비닐봉지는 빈 사각 휴지통 3개에 크기별로 정리한다. 가게에서 물건을 정리하는 기술의 힌트를 얻는다.

청소 천장은 빗자루 끝에 걸레를 묶어 청소한다. 정전기로 인한 먼지를 줄이려면 린스를 한 방울 떨어뜨린 물에 빤 걸레로 닦아 준다. 기름때가 심한 주방 환풍기는 설거지 세제를 푼 물에 담가 두었다가 씻는다. 좁은 틈을 청소할 때는 스펀지 한쪽 모서리를 뾰족하게 만들어 사용한다. 냉장고 안에 쌓인 찌꺼기는 진공청소기를 이용해 쓸어 낸다. 진공청소기 필터에 에센셜 오일을 적신 솜을 끼워 두면 나쁜 냄새가 없어진다. 옷을 더럽힐 수 있는 일을 할 때는 커다란 비닐을 앞치마처럼 두르고 한다.

빨래 옷에 붙은 먼지는 테이프 클리너로 제거한다. 빨랫감은 종류별로 다른 빨래 바구니에 담는다. 세제를 많이 쓰면 옷이 상하므로 빨래할 때는 세제를 지나치게 많이 넣지 않는다. 스웨터나 손상되기 쉬운 옷을 세탁기에 돌릴 때는 세탁망을 이용한다.

기타 집 현관에 가방, 외투, 장갑, 목도리 등을 둘 자리를 만든다. 침대 시트와 베개 커버는 한 세트씩 정리해 둔다. 전선이나 끈은 손에 감아서 타래를 만들어 정리한다. 솜이나 면봉은 투명한 용기에 넣어 둔다. 서류 파일에는 내용물을 알아볼 수 있게 라벨을 붙여 둔다. 벽장 문 안쪽에 메모를 붙여 놓고 어떤 물건이 들어 있는지 써놓는다. 잎이 작은 식물은 잎이 큰 식물보다 일거리가 많으므로 피한다.

깨끗하고 질서 있게

우리는 질병과 죽음 그리고 잠든 동안 우리를 덮치는 온갖 악몽 앞에서 무력하다. 하지만 정돈된 공간은 우리가 적어도 우주의 작은 한 모퉁이에 질서를 부여할 능력을 갖추고 있음을 증명한다.

자고 일어나면 침대 시트를 정리하고, 세안 후에는 세면대를 깨끗이 치우고, 시리얼 상자 뚜껑 같은 것은 꼭 닫고, 물건은 쓰고 나면 제자리에 놓자. 이런 행동은 개인적인 작은 보람을 선물한다. 이제 막 해놓은 것을 보면서 뿌듯함과 만족감, 아름다움을 만끽하자. 일상생활에 숨겨진 그런 작은 기쁨들을 발견하고 즐길 줄 알아야 한다.

주변에 질서를 부여하면 마음에도 질서가 자리 잡는다. 서랍에서 자질구레한 물건을 치우거나 벽장을 정돈하는 등 주변을 정리하고 단순하게 만들 때마다 우리는 자신의 인생에서 무언가를 통제하고 있다는 안정감을 느낄 수 있다.

손에 닿는 것은 직접 아름답게 관리하자. 힘든 노동이 요구되는 경우라도 직접 하자. 아름다움에 대한 감각을 갖고 싶다면 행동이 따라야 한다. 일상생활의 가장 사소한 행동일지라도 우리가 하는 행동 하나하나가 아름다움을 창조하는 품위 있는 일이 될 수 있다.

도움이 될 만한 세 가지 원칙을 알려 주자면 다음과 같다. 첫째, 물건은 각각 자리를 정해 놓고 그 자리에 두자. 둘째, 물건을 정돈하면 시간이 절약되고 기억해 내는 부담도 줄어든다. 셋째, 깨끗하고 정돈된 환경은 일의 능률을 높인다.

아름답게 산다

우아하고 꼼꼼하게

우아하게 살면 삶이 훨씬 더 풍요롭다. 우아하게 산다는 것은 아침을 먹기 전에 부스스한 머리부터 빗고 밥상에 앉는 것을 말한다. 밥을 먹는 동안 감미로운 음악을 틀어 놓는 것을 말한다. 주변에 플라스틱과 비닐 제품은 가능한 한 두지 않는 것을 말한다. 예쁜 고급 식기를 찬장에만 넣어 두는 게 아니라 매일 쓰는 것을 말한다.

대불황이 닥친 1930년대 미국에서는 돈보다 우아한 삶을 더 중요하게 여겼다. 거의 모든 집이 가난했기 때문에 각 가정을 구별해 주는 것은 더 이상 돈이 아니라 말하는 방식과 교육, 정신적인 가치, 좋은 물건에 대한 안목이었다. 사람들은 저마다 자신이 가진 제일 좋은 것을 일상생활에 사용했고 식탁에 꽃을 두고 밥을 먹었다.

우아함과 아름다움은 우리 자신의 한계를 뛰어넘도록 도와준다. 우아한 사람의 몸가짐에서 보이는 아름다움은 그에 걸맞은 마음가짐과 노력에 따른 결과물이다. 우아하게 살기 위해 노력하면 우리 삶은 더 완벽해질 수 있다.

아름다운 삶을 위해서는 세부적인 부분들이 아주 중요하다. 세부적인 것이 완벽할 때 우리는 안정감을 느끼고 더 중요한 것에 관심을 가지고 살 수 있다. 일상의 작은 부분들에 질서와 깨끗함이 자리할 때 삶은 풍요로워진다. 만약 세부적인 것을 무시하고 내버려 두면 그것은 작은 벌레처럼 우리를 성가시게 할 것이다.

불완전한 것의 아름다움

일본어에 '와비사비ゎびさび'라는 말이 있다. 이 말은 불완전하고 투박한 것에서 아름다움을 찾는 일본 특유의 미학을 말한다. 이 개념은 세상의 잣대와는 무관하게 자신의 선택대로 살아가는 개인의 경험적이고 실증적인 미학적 가치에 근거하고 있다. 일상생활의 사소하고 세세한 부분들을 보다 잘 음미하고, 이로써 세상이 보잘것없다고 말하는 불완전하

고 불충분한 것에서 숨겨진 아름다움을 발견하는 것이다.

와비사비의 개념은 결핍된 것만이 가질 수 있는 순수한 아름다움을 잘 보여 준다. 결핍의 아름다움은 서서히 조금씩 드러난다. 그리고 서서히 드러나기 때문에 더 깊이 다가온다. 결핍의 미학을 아는 사람들이 사용하는 재료는 초월의 진수를 보여 준다. 빛을 통과시키는 창호지, 말라서 금이 간 진흙, 녹이 슨 금속, 옹이가 많은 나무, 포근한 느낌이 나는 짚, 이끼로 뒤덮인 바위 등이 그것이다. 또한 나무의 마디, 도자기를 구울 때 생겨나는 무늬, 바위의 침식처럼 우연에 따른 불규칙성을 통해 자연스러운 운치를 보여 준다.

이러한 사상은 이른바 예술품이라고 불리는 물건에 집착하는 우리에게 경종을 울린다. 인간에게 물건의 주인도 노예도 되지 말라고 말하며 자기 자신과 자신의 감정, 원칙, 욕망의 노예도 되지 말라고 말한다. 아름다움이란 집착이 없는 상태, 모든 것에 대해 자유로운 상태를 뜻한다. 이러한 상태에 도달하면 불가피한 것은 받아들이고 물질적으로 가난하되 정신적으로 부유한 삶의 가치를 알게 된다.

심플한 것의 아름다움

요즘에는 물건을 쌓는 사람은 많지만 마음의 교양을 쌓는 사람은 드물다. 물건을 적게 소유하면 마음을 정화시키는 일에 더 집중할 수 있다. 바로 이런 점에서 미니멀리즘은 바람직한 삶의 본보기다. 아름다움을 추구하는 활동이며, 원하는 결과에 가능한 한 우아하고도 경제적인 방식으로 이르는 과정이다.

최소한의 물질과 최소한의 동작을 삶의 규칙으로 삼자. 순수와 평정의 원칙을 엄격하게 강조하자. 이 규칙들은 물질에서 시작해 정신에 이르면서 우리를 조화로 이끈다. 이 규칙들을 습득하면 형식을 초월해 보다 정신적인 활동에 집중할 수 있다.

삶에는 미학적 가치와 철학적 가치가 필요하다. 그러기 위해서는 실생활에 소박한 아름다움이 내재되어 있어야 한다. 몸짓, 물건, 옷매무새, 행동 방식이 정신과 하나가 되어야 하며, 그 속에 예술이 담겨 있어야 한다. 소박함과 아름다움을 추구하는 것은 현대사회를 살아가는 우리 자신을 깊이 되돌아보게 하는 삶의 자세이다.

심플하게 살기 위한 기술

처분하기 필요 없는 물건을 버리거나 남에게 주는 것에 죄책감을 느끼지 말자. 좋아하지만 사용하지는 않는 물건은 사진으로 찍어 남긴 뒤 처분하자. 정말 필요한 것인지 의심스러운 물건은 갖다 버리자. 지난 1년간 한 번도 사용한 적이 없는 물건은 모두 치우자. 방마다 조사해서 불필요한 물건은 치우자. 물건 하나가 줄면 먼지 터는 일이 한 번 줄어든다. 물건을 잘못 산 실수에 매달리지 말자. 그 실수는 물건을 치워서 바로잡으면 된다. 실용성이 없는 물건은 모두 버리자. 물질적인 것은 가능한 한 치우자. 심플한 삶이란 자기가 좋아하는 것을 치우는 게 아니라, 우리 행복에 도움되지 않는 것을 치우는 것이다.

정리하기 '발 디딜 데'를 만드는 것에 그치는 식의 정리는 하지 말자. 물건마다 자리를 정해 놓자. 빈 상자, 종이가방, 유리병은 모아 두지 말자. 화장품 샘플도 마찬가지다. 서류, 문구류, 배터리, 영수증, 지도 등 모든 잡다한 물건을 분류해서 정리할 가구를 준비하자. 정리할 게 별로 없는 삶을 꾸려 가자. 물건 때문에 해야 하는 활동의 수를 줄이자. 항상 다음 질문을 스스로에게 던져 보자. "내가 이것을 왜 가지고 있지?"

소유하기 원하지 않는 물건은 집에 들이지 말자. 없으면 안 된다고 생각했던 물건 없이 얼마나 버틸 수 있는지 확인해 보자. 다른 것으로 대체할 수 없는 것은 없다. 꼭 필요한 욕구와 필요 이상의 욕심을 구분하자. 물건마다 개수를 정해 놓고 그만큼만 가지자. 물건은 주머니 사정이 허락할 때만 사자. 집에 활력을 불어넣는 변화라면 망설이지 말자. 품질이 보장된 고전적인 물건을 신뢰하자. 새로운 물건을 구입할 때는 크기와 부피, 무게가 작은 것을 고르자.

생각하기 가진 물건 전부를 목록으로 작성해 보자. 목록을 작성하기 불가능할 정도로 많은가? 그다음에는 이미 치워 버린 물건의 목록을 작성해 보자. 그 물건이 없어서 아쉬운가? 집에 불이 나서 다 타버렸다고 상상하고 다시 사야 할 물건의 목록을 작성해 보자. 그다음에는 다시 사지 않을 물건의 목록을 작성해 보자. 행복한 삶을 위해서는 성가시게 만드는 것은 모두 치워야 한다는 것을 명심하자. 추억이 담긴 물건이라도 마찬가지다.

아름다움, 삶의 필수 요소

미니멀리즘은 무엇보다 삶의 자세와 관련이 있다. 우리 모두에게는 내면 깊숙이 자리하는 질서가 필요하다. 이러한 질서는 우리를 물질적이거나 물리적인 온갖 형태의 혼란으로부터 자유롭게 만들어 준다. 단순해질수록 강해진다는 것을 가르쳐 준다.

미니멀리즘에는 반드시 아름다움이 포함된다. 아무리 작고 평범한 집이라도 정갈하게 유지한다면 누구나 시를 쓰고, 꽃과 화초를 가꾸고, 우아하고 세련된 상차림을 낼 수 있다. 감미로운 음악을 듣고, 부드러운 소재의 감촉을 느끼고, 장미꽃의 향기를 음미할 수 있다. 아름다움을 추구하는 이러한 행동은 우리에게 에너지와 기쁨을 준다. 우리 몸에 공기와 물과 음식이 필요한 것처럼 우리 영혼에는 아름다움이 필요하다. 아름다움이 없으면 우리는 우울해지고, 의기소침해지고, 때로는 미치게 된다. 어떤 형태의 것이든 아름다움은 행복에 꼭 필요한 요소다.

진정으로 고급스러운 생활은 아름답고 질 좋은 물건을 별로 의식하지 않고 당연한 듯이 곁에 두고 사는 것이다. 기분 좋은 가죽 냄새가 나는 소파, 캐시미어 담요, 새하얀 리넨 식탁보, 열을 오래 머금고 있는 흰 도자기 접시, 좋은 목화로 만든 도톰한 수건, 소박한 꽃 한 다발, 가까운 농장에서 수확한 제철 채소는 우리 삶을 훨씬 풍요롭게 한다.

이에 비해 겉으로는 고급스럽게 보여도 사실은 '가짜'에 지나지 않는 생활도 있다. 잡지에서 본 인테리어를 따라 하려고 어울리지 않는 물건을 사들이고, 안락함은 생각하지도 않은 채 무조건 첨단 기술 제품만을 갖추고, 소화가 안 되더라도 비싼 재료로 요리하고, 인파에 시달려 두통약을 집어 삼키게 되더라도 유명 관광지로 휴가를 떠나는 식의 생활이 바로 그것이다.

아름다움은 삶을 살아갈 가치가 있는 것으로 만든다. 아름다움은 평화와 고요를 부른다. 아름다움은 모든 것을 흡수한다. 아름다움은 삶에 대한 사랑을 지키기 위해 우리가 잊지 말아야 할 것이다. 아름다운 인생을 만들어 가는 것은 우리에게 주어진 최고의 사명이라는 것을 잊지 말자.

인격적으로 지적이고 아름답고 고상한 사람이 되려면 몸도 지성과 아름다움과 고상함을 지녀야 한다. 우아함, 맑은 피부, 건강한 몸, 유연한 몸매에 대한 관심이 사라진 자리에는 무엇이 들어설까? 그것은 바로 우둔함, 게으름, 방관, 자기 자신과 남들에게 떳떳하지 못한 마음이다. 먹고 즐기느라 자신의 몸과 건강을 아무렇게나 내버려 두는 게 말이 되는가? 왜 과체중과 콜레스테롤, 고혈압, 칙칙한 피부, 둔해진 관절을 용납하는가? 왜 생활방식과 습관, 식생활을 바꾸지 못하고 늙으면 병드는 게 당연하다고만 여기는가?

움직일 때마다 힘들고 고통스러운 몸으로 사는 것은 휴식과 자유, 존엄성, 독립성을 포기하는 것이다. 이러한 삶은 노예와 다름없다. 그것도 자기 자신에게 속박된 노예다! 아무도 당신에게 강요한 적이 없는데 당신 스스로 자유롭지 못하게 사는 것이다. 자기 몸을 돌보는 것은 곧 스스로를 자유롭게 만드는 것이다. 정신적으로 제대로 살려면 몸부터 돌볼 필요가 있다.

몸

몸이 중요한 이유

건강은 자기 존중의 문제

의사도 미용사도 화장품 판매업자도 우리 자신보다 우리 몸을 더 잘 돌볼 수는 없다. 우리 몸을 무관심하게 내버려 두는 것은 우리 책임이고 우리 잘못이다. 왜 자진해서 빨리 늙고 병들려고 하는가? 왜 병들고 나서야 자연이 준 선물을 지키지 못한 것을 후회하는가? 건강은 우리가 가진 가장 귀한 재산이다. 건강할 때 우리는 누구나 아름답다.

우리는 우리에게 주어진 보석, 즉 몸을 다듬어 반짝반짝 빛나게 만들 의무가 있다. 굳이 특별한 창조 활동을 하기 위해 애쓸 필요는 없다. 몸과 정신을 창조하는 것으로 충분하다. 건강하고 아름다운 모습을 유지하기 위해 노력하는 것은 예술 작품을 만드는 일만큼 가치 있는 일이다.

자신의 몸을 돌보지 않는 사람은 자기 몸 때문에 피해를 입게 된다. 당신의 몸은 곧 당신의 집이다. 다른 사람들 챙기기에 바쁘다는 핑계로 스스로를 돌보는 일에 소홀하면 안 된다. 자기 자신을 사랑하는 사람만이 남도 사랑할 수 있다. 몸을 돌보는 것은 자신을 위한 일인 동시에 남을 위한 일이다. 잘 관리되지 않은 집은 아무도 좋아하지 않는다. 사람의 경우도 마찬가지다.

지금 자신의 모습을 들여다보고 아름답게 가꾸자. 아름다운 몸을 갖고 싶어 하는 것은 경박한 욕심이 아니라 자기 존중의 문제다. 아름다움은 노력으로 얻어지는 것이며, 아름다움을 얻으려는 행위는 태곳적부터 있었다. 그리고 아름다움은 건강과 자신감에 기초한다. 몸이 건강해야 더 적극적인 사람이 되고 인간관계에도 더 잘 대응하며 자기 자신도 더 사랑할 수 있다.

몸의 법칙 1: 표정은 밝게

표정은 우리를 돋보이게 할 수도 있고 망칠 수도 있다. 아름다운 표정은 타고나는 것이기도 하지만 건강한 몸과 낙천적인 생각을 통해서도 만들어진다. 자신의 표정을 의식하는 것은 매우 중요하다. 긴장된 표정은 긴장을 드러내는 것에 그치는 것이 아니라 긴장을 계속 유지하도록 하기 때문이다. 얼굴에서 긴장이 사라지면 마음에서도 긴장이 사라진다. 사람들에게 늘 미소 짓는 표정을 보이려고 노력하면 마음이 행복해지고 사람들도 당신에게 미소를 짓게 될 것이다.

몸의 법칙 2 : 자세는 바르게

우리는 몸짓과 자세를 통해 타인에게 우리 자신을 드러낸다. 자신의 자세를 살펴보고 품위 있는 몸가짐을 갖도록 노력하자. 몸가짐을 다스릴 수 있어야 마음가짐도 다스릴 수 있다. 바른 자세로 앉으면 모든 신체 부위가 제자리에 놓이면서 집중하는 데도 도움이 된다.

몸을 '덩어리'로 여길 게 아니라 자신을 표현하는 몸짓의 집합체로 여겨야 한다. 조형적인 아름다움만이 보기 좋은 사람과 안 좋은 사람을 결정짓는 것은 아니다. 몸의 움직임 역시 호감의 정도를 좌우한다.

우리 일상생활은 단순한 몸짓의 반복으로 이루어져 있다. 앉고, 서고, 걷고, 씻고, 채소를 다듬고, 이부자리를 정리하고, 걸레나 행주를 짜고, 옷을 개고, 물건을 들어 올리고, 생각을 말로 정확히 표현하고, 말을 통제하는 것 등이다. 이러한 일상적인 행동을 바르게 해야 한다. 우리 몸을 가장 자연스럽고 조화롭게 사용할 수 있도록 바른 자세를 찾기 위해 노력해야 한다.

진정으로 아름다운 사람은 바른 자세가 몸에 밴 사람이다. 바른 몸가짐을 하면 몸이 지닌 능력을 유지하고 발전시키는 데도 도움이 된다. 반복적으로 하는 동작은 몸에 점점 깊숙이 배게 되고, 결국에는 그것이 바른 자세든 아니든 간에 곧 자신의 모습이 된다. 일종의 습관이 형성되는 것이다. 조금만 노력하면 서툴거나 품위 없는 자세를 고칠 수 있는데도 그걸 하지 못해 자신의 참모습과는 다른 나쁜 인상을 준다는 것은 참으로 유감스러운 일이다. 매번 자세에 신경을 쓰려면 물론 귀찮고 번거로울 수 있다. 하지만 노력하면 그만큼 놀라운 결과를 얻을 수 있을 것이다. 아름다움은 우아한 자세, 부드러운 동작, 품위 있는 태도를 통해 드러난다는 것을 잊지 말자.

몸의 법칙 3 : 마음은 여유롭게

마음이 여유롭다는 것은 경직됨 없이 내면에서부터 빛이 나는 상태를 말한다. 그런데 여유로운 마음은 무엇보다도 자신감에서 나온다. 자신감이 있어야 어떤 상황을 만나도 자신이 주인이 되어 대처하고 극복해 내며, 아직 닥치지 않은 일은 느긋하게 기다릴 수 있다. 또한 자신감이 있으면 방법과 선택을 놓고 오래 망설이지 않고 일 자체에 집중할 수 있다. 예를 들어 우리는 어떻게 해야 할지 모르는 일을 할 때는 시작하기에 앞서 주저하고 고민하지만, 방법을 알고 있는 일은 자신감이 있기 때문에 자동적으로 하게 된다. 이러한 원리는 예술 작업을 할 때, 말을 할 때, 집안일을 할 때 등 모든 일에 적용된다. 마음이 여유롭고 자신감이 있는 사람은 어디에 가도 평온하다.

비싼 화장품보다 건강한 활력을

항상 피곤하다고 느끼는 사람은 그 원인을 나이 탓으로 돌리는데, 사실을 알고 보면 호르몬 때문인 경우가 많다. 호르몬계의 문제로 불면증이나 저혈당증에 시달리고, 우울증이나 기억력 감퇴가 찾아오고, 단것에 대한 집착을 통제하지 못하는 것이다. 의사들에 따르면 좋은 호르몬은 감정적인 충격을 완화해 줄 뿐만 아니라 긍정적인 생각을 하도록 유도해 정서적 피로를 해소해 준다고 한다. 따라서 건강과 아름다움을 위해 가장 중요한 것은 좋은 사람들과 함께 행복하게 지내는 것이다. 많이 웃자. 재밌는 영화도 보고 재밌는 이야기도 나누자. 변화를 추구하는 것도 좋다. 평소와는 다르게 입고, 아침에 커피 대신 다른 음료를 마시고, 직장까지 평소와는 다른 길로 가고, 인테리어에 변화를 주자.

걸을 때든 요리할 때든 활력이 넘치게 하자. 요컨대 '힘차게' 살자. 그러기 위해선 스트레스, 불안, 걱정, 분노, 슬픔을 경계해야 한다. 그런 것들은 당신의 적이다. 활력을 유지하려면 그런 감정들은 아무것도 아닌 것처럼 최대한 가볍게 넘기는 연습을 해야 한다. 활력은 비싼 화장품보다 피부에 더 좋다. 아름다워지고 싶다면 나쁜 감정에 흔들리지 않는 초연함을 유지하도록 노력하자. 거울에 비친 모습을 들여다보면서 부정적인 생각이나 걱정, 피로, 분노의 기색은 없는지 확인하자. 그런 다음 긴장을 풀고 자신에게 미소를 지어주자.

그리고 활력 있게 살기 위해 노력하되 한계를 뛰어넘는 사람이 되자. 특히 나이의 한계를 뛰어넘어야 한다. 이제 나이의 한계는 다시 정의되고 있으며 그 한계를 뛰어넘는 일도 점차 가능해지고 있다. 100세를 넘기는 건 더 이상 드문

일이 아니다. 늙는 것은 아름다움에 대한 시련일 수 있다. 하지만 늙는 것을 곧 병드는 것으로 보는 생각에 휘둘리지 말자. 자신을 잘 돌보는 사람의 경우, 젊은 시절의 표면적인 아름다움은 세월과 더불어 내면적인 아름다움으로 변화한다. 아름답다는 것은 나이가 얼마가 됐든 보기에 좋다는 것을 말한다. 우리는 힘과 에너지, 아름다움을 유지하면서 얼마든지 잘 늙어 갈 수 있다.

일상에서 매력적인 사람

일상생활은 대충 아무렇게나 해도 된다는 생각을 버리자. 일상적으로 하는 행동 하나하나가 당신을 매력적인 사람으로 만들 수 있다. 꽃을 꽂든 차를 내리든 식사를 준비하든 개성이 잘 드러나는 행동을 정성스럽게 할 때 자신만의 매력을 갖게 된다. 사람의 매력은 바로 행동하는 방식을 통해 드러난다.

겉모습을 깨끗이 하고 가꾸는 것은 우리의 의무다. 몇 가지 규칙을 지키고 몸을 함부로 하지 않으면 타고난 생김새가 중간 정도밖에 안 된다 하더라도 자신만의 매력을 지닌 아름다운 사람이 될 수 있다. 매력이 있으면 남들에게 좋은 인상을 줄 수 있고 완벽한 외모를 가지고 있지 않아도 아름답게 보인다. 비타민 약과 자신만의 매력 중에 무엇이 우리를 더 아름답게 만들어 주겠는가? 어떤 매력을 지니고 있느냐가 우리가 외모라고 부르는 것을 결정짓는다.

가꾸기

몸을 가꾼다는 것

몸이 불편하거나 완벽하게 가꾸어지지 않은 상태에서는 마음이 충분히 자유로울 수 없다. 사람은 자신의 결점과 외모 때문에 신경을 쓰는 문제가 해결되어야 남들 앞에서 더 당당하고 밝고 상냥할 수 있다. 자신감과 매력이 넘치는 사람을 보면 언제나 잘 가꾼 모습을 하고 있다. 더러운 손톱, 지나치게 달라붙거나 헐렁한 옷, 땀 냄새, 입 냄새, 누런 치아, 피곤한 얼굴, 더러운 머리카락은 하루를, 여행을, 인간관계를 망칠 수 있다.

몸을 잘 가꾼 사람은 긍정적인 에너지를 발산한다. 소극적인 태도를 버리자. 누구나 변할 수 있고 지금보다 더 빛날 수 있다. 몸을 가꾸기 위해 하는 모든 것은 당신을 더 자신

있는 사람으로 만들어 줄 것이다.

가꾸기에 앞서 할 일

욕실을 정리하자. 욕실은 자기 자신을 아름답게 만드는 기쁨이 넘치는 곳이어야 한다. 욕실은 스스로를 어떻게 돌보고 있는지를 보여 준다. 몸을 돌볼 공간을 만들고 그 공간을 가능한 한 깨끗하고 아름답게 관리하자.

작은 수첩을 준비하자. 수첩은 체중, 필요한 용품의 이름, 지킬 수 있는 몇 가지 처방을 적어 놓기 위한 것이다. 건강 문제와 병원에 가는 날 같은 것도 물론 적어 두어야 한다. 머리 자르기나 치아 관리처럼 전문가의 도움이 필요한 미용과 얼굴 마사지나 손톱 정리처럼 직접 할 수 있는 미용도 잘 구분해야 한다. 건강과 아름다움은 돈을 관리하듯이 관리해야 한다.

머릿속을 정리하자. 모든 것은 상식의 문제다. 다이어트 제품에 큰돈을 쓰면서 음식은 음식대로 실컷 먹는 사람들이 너무 많다. 그들은 무엇보다 머릿속과 생활 자체를 정돈할 필요가 있으며, 심리적·감정적·의학적 문제가 없는지부터 확인해야 한다.

아름다워지려면 기본부터 시작해야 한다. 비타민만 몇 박스씩 먹어 봤자 소용없다. 아름다워지기를 원한다면 올바르게 먹고, 적당히 운동하고, 깨끗이 씻고, 충분히 자야 한다. 아름다워지기 위한 행동들은 오래 반복해서 습관으로 만들어야 한다. 건강과 아름다움은 좋은 습관 없이는 얻을 수 없다. 몇 가지 의식과 간단한 원칙을 충실히 따르면서 그것을 자신의 일부로 만들어야 한다.

가꾸기 법칙 1 : 피부를 망치는 낭비는 그만

깨끗하고 부드러운 피부를 위해 필요한 것은 비누나 로션, 크림이 아니라 피부를 깨끗이 하고 영양을 공급하는 행동 자체다. 복잡한 이런저런 화학제품은 이제 그만 내려놓자. 화장품 업체의 꼬임에 넘어가지 말자. 상업적인 제품 가운데는 피부를 상하게 하는 것도 있으므로 주의해야 한다. 피부는 소화기관과 마찬가지로 우리가 주는 것을 흡수해서 혈액으로 보낸다. 따라서 피부에 바르는 화장품이 우리 몸을 오염시키고 더럽힐 수도 있다.

피부에 제일 좋은 것은 건강한 식생활, 충분한 수면, 깨끗한 물, 그리고 행복한 마음이다. 그 외에는 부수적인 것에 지나지 않는다. 우선 '정크푸드'라고 불리는 패스트푸드나 인스턴트식품부터 피하자. 당신의 입맛과 식탐이 아닌 건강과 아름다움을 기준으로 식품을 고르자. 값비싼 관리와 화장품은 필요 없다. 피부 관리는 피부를 깨끗이 하고, 영양을 보급하고, 보호하는 것에 그쳐야 한다.

물론 간단한 피부 관리에 만족하기가 쉬운 일은 아니다. 그런 관리만으로 아름다운 피부를 가질 수 있다는 것은 거짓말처럼 들리기 때문이다. 우리는 잡지와 광고에 세뇌당해 휘둘리고, 미용에 관한 소문에 속고, 비싼 제품일수록 효과가 좋다고 믿고, 비싼 제품을 사용하지 않으면 잘못이라도 한 것처럼 느낀다. 그러나 피부가 좋은 사람에게 관리를 위해 어떤 제품을 쓰는지 한번 물어보자. 그는 아마 이렇게 답할 것이다. "아, 별거 안 써요!"

피부는 몸 상태와 주변 환경, 그리고 특히 우리가 하는 생각과 깊은 관계가 있다. 신선한 공기를 쐬고 피부를 숨 쉬게 하자. 그리고 매일 자신의 활력을 일깨우자.

맑은 피부를 되찾기 위한 조언

음식 냉장고에 있는 신선한 식재료는 거의 전부가 미용 효과를 가지고 있다. 신선한 식품만 먹고 가공식품은 될 수 있으면 피하자. 물은 최고의 미용 식품이다. 식초 50밀리리터를 물에 타서 한 달간 매일 마셔 보자. 기적 같은 결과를 얻을 수 있을 것이다. 콩을 주성분으로 한 음식을 밥상에 올리자. 콩은 젊음을 유지하도록 도와준다. 파파야와 망고는 피지 분해 효과가 뛰어나다. 먹는다면 지방 분해에도 도움이 된다. 피부가 건성인 사람은 아보카도를 매일 반 개씩 먹고 남은 절반은 으깨서 얼굴에 10분간 팩을 하자, 확실하고 놀라운 효과를 볼 수 있다. 요구르트를 제외한 유제품과 밀을 주성분으로 한 음식은 피하는 게 피부에 좋다. 견과류나 약초처럼 자신에게 맞는 약용 식품을 골라 먹자.

세안 생활하는 동안 얼굴에 달라붙는 불순물을 비누로 말끔히 제거해 주어야 피부가 숨을 쉴 수 있다. 잔여물을 제거해 주는 세안용 식초는 순한 비누, 좋은 오일, 샴푸, 린스와 더불어 욕실에 꼭 갖추어야 할 품목이다. 비누는 글리세린이나 꿀이 함유된 순하고 좋은 것을 사용해야 한다. 세안을 마무리할 때는 차가운 물이 좋다. 세안 후에 당기거나 건조하다면 오일을 한두 방울 발라 주어야 한다. 얼굴에 오일을 바를 때는 마사지를 하면서 바르자. 마사지를 하면 300개가 넘는 미세 근육들이 처지지 않고 제자리를 유지하는 데 도움이 된다. 피부가 좋고 나쁨은 탄력이 얼마나 있느냐에 달려 있다.

습관 눈 밑의 다크서클이나 부종은 피곤해서 생기기도 하고 간이 안 좋아 기운이 부족해서 생기기도 한다. 이 같은 증상은 과식, 자극적인 양념, 육류, 소금, 설탕, 포화지방을 피하면 어느 정도 완화된다. 밤 12시 이전에 잠자리에 들고 하루에 6~8시간 수면을 취하자. 혈액 순환이 원활하지 못해 칙칙한 색을 띠는 생기 없는 피부는 주름이 많은 피부보다 더 늙어 보인다. 볼을 잡아당기거나 턱을 괴는 등의 습관은 피부를 늘어지게 만들 수 있으므로 주의하자. 그리고 태양은 피부의 첫 번째 적임을 기억하라.

가꾸기 법칙 2 : 하나로 충분한 오일

오일은 좋은 것으로 하나만 골라서 얼굴, 머리카락, 몸, 손톱에 두루 사용하자. 미용 크림에는 제품의 특성상 유화제가 들어가는데, 유화제는 모공을 막아서 피부가 숨 쉬는 것을 방해한다. 이런저런 크림을 '만능 오일' 하나로 대체하자. 화장대에도 욕실에도 필요 이상의 거추장스러운 제품은 허용하지 말자.

목욕할 때 가끔은 몸에 오일을 바른 다음 따뜻한 물에 들어가자. 감미로운 음악과 향초까지 곁들인다면 금상첨화다. 오일은 몸에 흡수되기 때문에 우려하는 것과는 달리 목욕물에 기름이 둥둥 뜨지는 않는다. 열기에 의해 모공이 열려 있으면 더 잘 흡수된다. 오일 목욕을 끝내고 나면 아기 피부처럼 부드럽고 매끄러워진 피부를 확인할 수 있을 것이다. 게다가 크림이나 로션을 바르지 않아도 촉촉함이 유지된다. 완벽한 미니멀리즘 미용법인 것이다!

오일은 종류마다 차이가 있기 때문에 자기한테 잘 맞는 것을 찾아야 한다. 아보카도 오일은 진한 종류의 오일이며, 플로럴 에센셜 오일 몇 방울과 섞어 쓰면 향수 효과도 있다. 진한 오일이 부담스럽다면 아기들이 쓰는 순한 아몬드 오일이나 스쿠알렌 오일을 사용해도 좋다.

특히 아보카도 오일은 얼굴에도 몸에도 아주 좋다. 아보카도 오일은 눈가 잔주름을 막아 주고 피부를 탄력 있고 부드럽게 만든다. 비타민 B와 비타민 E가 풍부하고, 발라도 블랙헤드가 생기지 않는다. 아보카드 오일로 헤어 팩을 하고 머리를 감으면 두피의 피지가 잘 제거된다.

우리 몸은 안팎으로 오일을 필요로 한다. 건강을 위해서는 냉압착 방식으로 추출한 품질 좋은 오일을 하루에 한 스푼은 섭취해야 한다. 오일은 장의 내벽을 유연하게 한다. 또한 오일은 몸에 바르면 빠르게 흡수되어 뼈까지 스며들기 때문에 뼈가 약해지는 노년기에 자주 발생하는 골절 예방에도 도움이 된다. 고대부터 행해진 오일 마사지는 그저 사치가 아니라 예방의학적인 성질의 미용법이라고 할 수 있다.

가꾸기 법칙 3 : 단정한 머리의 품격

머리카락 상태는 식생활에 많이 좌우된다. 머리카락에는 해조류와 깨가 묘약이다. 날이 습하거나 더울 때가 아니면 머리는 너무 자주 감지 말아야 한다. 샴푸도 가능한 한 적은 양을 사용하자. 대부분의 사람이 하듯이 샴푸를 머리에 바로 문지르면 잔여물이 두피에 남기 쉽다. 그러므로 샴푸를 물에 풀어서 먼저 거품을 낸 후에 머리를 감고, 마지막 헹굼 때는 사과 식초를 한 스푼 넣은 물을 쓰자. 그리고 지압점을 미리 알아 놓았다가 머리를 감는 동안 지압을 해주면 좋다. 사람들은 두피의 건강을 소홀히 하는 경향이 있는데, 두피는 스트레스를 받으면 딱딱해져서 머리카락이 자라는 것을 방해한다. 따라서 손가락으로 마사지를 꾸준히 해주면서 두피를 부드럽게 풀어 주어야 한다. 머리를 감고 나면 당신만의 '만능 오일'을 한두 방울 발라 자연스럽게 말리자.

머리를 말린 후 고개를 숙여 머리카락이 바닥을 향하게 하고 목덜미에서 정수리 쪽으로 빗어 주면 두피의 혈액 순환을 도울 수 있다. 단, 부드럽게 빗어야 하고 머리가 젖었을 때는 빗지 말아야 한다. 헤어브러시는 빗살 간격이 넓고 나무 소재로 된 것을 고르자. 가능하다면 일주일에 한 번은 '자가 미용법'으로 머리카락을 관리해 주자. 기껏해야 적당히 만족스러운 결과를 가져다줄 뿐인 모발 관리 제품들 때문에 돈을 낭비하고 욕실을 복잡하게 만드는 일은 하지 말자.

남자든 여자든 미용실에는 정기적으로 가자. 머리를 관리하지 않고 내버려 두면 기분이 안 좋은 날이 많아진다. 미용실에 갔을 때 '알아서 해달라'는 식의 말은 절대 하지 말자. 원하는 스타일을 정확히 설명해야 한다. 부자연스러운 색으로 염색하거나 푸들처럼 볶거나 어울리지 않는 스타일을 하는 것보다는 자연스럽게 손질했을 때가 더 보기 좋다. 긴 머리의 여성이라면 올림머리 스타일을 활용하자. 아름답게 틀어 올린 머리에 단순한 귀걸이와 립스틱 하나면 평범한 여성도 품위 있고 고상한 사람으로 변신한다. 머리가 희끗희끗하거나 백발인 경우라도 상관없다. 헤어스타일은 얼굴 형태에는 물론이고 몸의 전체적인 실루엣에도 영향을 미친다. 당신을 돋보이게 하고 개성을 부각시킬 수 있는 헤어스타일을 찾자. 그리고 머리카락을 아끼고 존중해 주자.

가꾸기 법칙 4 : 깨끗한 손은 기본

손은 품격을 높일 수도 떨어뜨릴 수도 있다. 깨끗하게 정돈된 손은 자기 자신에게도 좋지만, 타인과 악수를 나누거나 명함을 주고받을 때 좋은 인상을 줘 이미지 향상에도 도움이 된다. 지나치게 긴 손톱이나 손끝의 굳은살은 수시로 자르자. 물과 화학 리무버는 손을 건조하게 만든다. 물일을 오래 할 때는 고무장갑을 끼자. 손톱은 언제나 깔끔하게 깎고 손톱 부분에도 오일을 꼼꼼히 바르자. 오일을 바르면서 마사지를 하면 손도 보호하면서 피로 회복에도 도움이 된다.

정신적 성숙이야말로 젊음의 비결

아름다운 얼굴은 정신적인 부분과도 관계가 있다. 생물학적 나이가 얼마가 됐든 정신적인 나이는 사람마다 모두 다르다. 정신적인 면에서 성숙하지 않은 사람은 충동적으로 행동하는 경우가 많다. 그런 사람들은 내키는 대로 물건을 사고, 추켜세워 주는 것을 좋아하고, 참을성이 부족하고, 얼굴에 표정이 별로 없다. 상대방의 말은 듣지 않은 채 자기 말만 하고, 사회생활하는 법을 잘 모른다.

이와 반대로 정신적인 나이가 성숙한 사람은 자주 미소를 짓고, 자기 애기를 하기보다는 상대방의 말을 들어 준다. 정신적으로 성숙하면 지나치게 감정에 휘둘리거나 스트레스로 고통받지 않는다. 이런 이들은 정신적인 나이는 성숙했지만 얼굴은 오히려 더 젊어 보인다는 사실을 잊지 마라.

몸을 돌보는 일은 곧 마음을 돌보는 일이다. 자신의 몸과 마음을 돌볼 수 있을 때 다른 사람도 돌볼 수 있다. 모든 것은 우리 자신으로부터 시작된다. 긍정적으로 생각하고, 지식을 넓히고, 미소를 짓고, 자신감을 갖자.

제거하기

몸속의 모든 더러운 것

커다란 거울로 몸을 자세히 들여다보자. 늘어진 살, 건조한 피부, 혈종, 굳은살, 겉으로 보이는 혈관 등 몸 사이사이에 자리한 모든 불순물을 관찰하자. 불순물을 없애야 우리 몸은 아름다워지고 자유로워지고 강해진다. 거울에 비친 몸을 만들어 낸 것은 바로 습관이다. 좋은 습관을 지니면 건강해지고 아름다워진다. 몸속까지 깨끗이 씻어 내는 습관부터 시작하자. 불순물이 쌓인 몸은 제대로 기능할 수가 없다.

제거 법칙 1: 피부 치유하기

체내 불순물을 효과적으로 제거하는 방법 중에는 바디 브러싱이 있다. 브러시로 몸을 쓸어 주는 미용법으로 피부가 일종의 배설 기관이라는 점을 이용한 것이다. 균형 있는 식생활을 동반한 바디 브러싱은 건강과 아름다움을 지키는 효과적인 방법 가운데 하나다. 돈도 안 들고 언제 어디서나 사용할 수 있다. 온몸이 개운해지는 느낌을 경험하고 싶다면 그리고 빛나는 피부를 갖고 싶다면 바디 브러싱을 하자.

바디 브러싱은 몸의 불순물을 쉽고 빠르게 제거해 준다. 거무스름한 팔꿈치와 손가락 관절, 꺼칠꺼칠한 무릎과 발꿈치, 각질이 생긴 피부를 맑고 깨끗하게 바꾸는 데도 도움을 준다. 모공을 열어 피부를 숨 쉬게 하고 손톱은 더 단단해진다. 몸에 물기가 없는 상태에서 브러싱을 하면 피부 표면에 있는 독소를 제거하는 데도 도움이 된다. 체내 노폐물의 3분의 1은 피부의 땀샘을 통해 제거된다는 점을 기억하자.

사람은 나이가 들수록 신진대사가 저하되면서 피부 세포의 기능이 조금씩 떨어진다. 바디 브러싱은 이러한 몸에 활력을 되찾아 준다. 체내 노폐물을 배출하는 림프계의 순환을 촉진하고 면역계의 방어 활동도 강화시킨다. 게다가 브러싱을 통해 몸을 자극하면 혈액과 근육 조직, 신경 세포, 분비샘, 호르몬, 여러 체내 기관에 영양을 보급하는 대뇌 물질의 분비가 촉진된다. 이 같은 물질의 분비를 촉진하는 신체

접촉이 없으면 우리 몸은 영양 결핍만큼이나 심각한 결핍을
느낄 수 있다.

바디 브러싱은 일종의 치료법이기도 하다. 실제로 피부는
세포 하나하나에 트라우마를 간직하고 있는 감정 기관이다.
기억은 뇌에 의한 것만이 아니라 피부 세포에 의한 것도 있
다. 각각의 피부 세포가 사실을 기억하고, 기쁨과 고통을 느
끼며, 우리 기분에 따라 반응을 보인다는 것이다. 이 문제에
관한 연구로 유명한 미국의 크리스티안 노스럽 박사는 마사
지가 피부 세포에 새겨진 상처를 치료한다고 설명한다. 따
라서 바디 브러싱과 목욕은 치유를 도와주는 기능을 가졌다
고 할 수 있다.

대부분의 사람들은 '생존'하는 식으로 살아간다. 그들은
하루하루 살아가기에 급급해서 꿈을 현실로 옮기지 못한 채
생각만 한다. '살을 10킬로그램 뺄 수 있다면, 스트레스를
안 받는다면, 불면증이 나아진다면, 내 인생의 짝을 만난다
면…….' 그렇다면 당신의 피부를 가꾸는 것부터 시작해 보
자. 그러면 몸과 마음에 활력이 생길 것이다. 몸을 돌보기 위
해 할 수 있는 것은 전부 하자. 몸을 의식하고 관리하자. 분
명 삶의 많은 것이 달라질 것이다.

바디 브러싱 방법

바디 브러싱을 할 때는 발가락부터 시작해서 발, 발꿈치, 발목, 종아리, 무릎, 허벅지, 엉덩이, 배, 가슴, 옆구리, 겨드랑이, 팔 뒤쪽, 어깨, 손가락, 손, 목, 귀 순으로 하면 된다. 너무 세게 문지르는 것은 금물이다. 면이 약간 까칠까칠한 타월도 바디 브러싱 도구로 쓸 수 있다. 원을 그리는 동작으로 몸 구석구석을 문지르자. 브러싱을 하는 부위에 집중하고, 심장에서 먼 부위부터 시작해서 가까운 부위 순으로 진행한다. 목욕이나 샤워를 하기 전에 혹은 옷을 입거나 잠자리에 들기 전에 5분씩 하면 된다. 바디 브러싱을 하고 잠자리에 누우면 몸이 기분 좋게 따끔거리는 느낌과 함께 금방 잠이 든다. 브러시 하나로 하루의 피로와 걱정거리를 모두 쓸어 낼 수 있다.

제거 법칙 2 : 독소 조심하기

몸 안에 독소를 퍼트리는 변비를 무시하지 말자. 변비는 혈액을 오염시키고 심각한 병을 부른다. 세균이 대장에 자리 잡으면 용종이 생기고 용종은 암으로 발전할 수도 있다. 변비는 여행이나 출장 중에 자주 나타난다. 화, 스트레스, 불안 역시 장의 원활한 기능을 방해한다. 그런 감정 상태에서는 뇌가 세포를 통해 내장의 기능을 마비시키는 신호를 보내기 때문이다. 제대로 기능을 못하는 장은 일그러지고 딱딱해지며 장 내벽에 숙변이 쌓여서 굳어 간다. 그 결과 두통, 다리 부종, 셀룰라이트, 치질 등이 발생하게 된다.

배변 활동을 촉진하려면 섬유질 섭취에 신경 써야 한다.

섬유질을 섭취할 수 있는 식품은 통밀빵, 현미, 강낭콩, 해조류, 고구마, 절인 자두, 신선한 과일과 채소 등 여러 가지가 있다. 하지만 기름진 음식을 많이 먹으면 섬유질 식품의 효과는 무효로 돌아간다. 설탕, 알코올, 밀가루, 육류, 화학 성분 같은 산성 식품이나 지방 식품은 소화가 잘 안 되고, 완전히 소화되지 않은 음식은 장에서 부패한다. 곡물은 양질의 통곡물 형태로 섭취한다 하더라도 너무 많이 먹으면 몸을 산성으로 만든다.

음식을 먹을 때는 침의 소화액이 제 역할을 하도록 많이 씹자. 그리고 간의 부담을 덜어 줄 수 있도록 저녁은 가볍게 먹자. 특히 밤에는 음식을 먹지 말자. 밤은 장이 찌꺼기를 제거하면서 청소하는 시간이다. 그런데 이때 음식이 들어오면 장은 소화하느라 바빠서 청소를 할 수 없게 된다. 건강하지 않은 식생활은 우리 몸을 피로하게 만들고, 면역계의 방어 기능을 저하시켜 우리 몸에 독소를 퍼트린다는 사실을 잊지 말자.

제거 법칙 3 : 단식 경험하기

단식은 식이요법의 형태로나 종교적 수행의 형태로 아주 오래전부터 행해져 왔다. 심지어 동물의 세계에서도 단식이 존재하며, 단식을 하나의 의식으로 지키는 나라도 많다. 단식은 건강에 필요한 요소를 몸에서 빼앗는 것이 아니라 몸을 건강하게 만들기 위한 것이다. 돈이 한 푼도 들지 않는 치료법인 셈이다.

단식을 하려면 몸과 마음이 준비되어 있어야 한다. 신중하지 못한 마음으로 하는 단식은 도움이 안 된다. 결심, 열의, 자신의 행동에 대한 책임감이 필요하다. 마음의 준비가 되어 있어야 음식물, 알코올, 담배, 스트레스 등을 통해 우리 몸속에 자리 잡은 독소를 비워 낼 수 있다. 단식의 성공 여부는 무엇보다 마음가짐에 달려 있다.

단식을 하면 우리 몸은 체내에 저장된 영양분을 사용하기 시작하며 이러한 과정에서 불필요한 것이 제거된다. 소화 차원에서 힘이 절약되기 때문에 세포 깊숙한 곳의 독소를 제거하고 배출하는 기능이 상대적으로 활발해지는 것이다. 이렇게 단식은 우리 몸이 불필요한 지방을 연소시키고 독소와 병든 조직을 제거함으로써 몸을 맑고 건강하게 만들어 준다. 병든 조직이 제거된 자리에는 건강한 새로운 조직이 들어선다. 그래서 단식이 건강에 큰 도움이 되고 관절염, 류머티즘, 대장염, 습진, 그리고 기타 여러 가지 질병에도 효과가 있는 것이다.

단식하는 동안에는 신경 쓰는 일은 피하고, 물을 마시고, 햇볕을 쬐고, 운동을 하자. 의식을 준비하듯이 경건한 마음가짐으로 단식이 가져다줄 이득과 즐거움을 미리 느껴 보자. 단식은 그저 살을 뺄 목적으로 억지로 하면 효과가 없다. 그러므로 단식은 살을 빼는 일이 아니라 몸을 깨끗이 하고 머리를 맑게 하고 기운을 돋우는 일임을 명심하자.

단식을 하고 나면 몸이 이전보다 음식을 적게 필요로 해 적은 양에도 만족하게 된다. 실제로 소식하면 몸이 가뿐해지면서 활력이 생긴다. 또한 더 활기차게 일할 수 있고 이런저런 문제에도 더 잘 대처할 수 있다. 욕심내고, 요구하고, 바라고, 시기하고, 탐내고, 부러워하는 등의 부정적 감정이 사라진다. 단식을 통해 우리는 보다 균형 잡힌 건강한 식생활로 돌아갈 수 있다. 우리는 우리가 먹고 있는 것의 3분의 1만으로도 살 수 있다는 것을 기억하자.

단식의 방법

기간 단식은 한 번에 몇 주씩 길게 하는 것보다는 짧게 여러 번 하는 것이 신체적으로나 정신적으로 부담이 적다. 실제로 단식은 자기 자신을 '힘들게 만드는' 하나의 수련이다. 처음에는 반나절만 단식하는 것으로 시작하다가 24시간, 48시간, 일주일로 늘려 가자. 오래 단식하고 싶을 경우(최대 20일)

에는 식이요법 전문가나 영양 전문가와 상의한 뒤에 해야 한다. 한 번에 오래 하는 것보다 일주일에 하루, 혹은 한 달 중에 이틀을 연속해서 하는 짧은 단식을 생활의 일부로 만드는 게 더 낫다.

시작 첫날 자신과의 싸움을 이겨 내면 앞으로 치를 싸움에도 자신감이 생긴다. 단식이 끝나면 뭘 먹을지 같은 생각은 하지 말자. 음식물을 생각하는 것만으로도 허기가 생길 수 있다. 그러므로 음식이 아닌 다른 생각을 하도록 노력하자. 몸이 날씬해져서 예쁜 옷을 입을 것을 생각하고, 몸이 가볍고 유연해져서 움직임이 더 자유로워질 것을 생각하고, 이런저런 잔병이 사라질 것을 생각하자.

도중 단식을 시작할 때는 변비를 위한 식물성 완화제를 먼저 먹자. 식물성 완화제는 내성이 생기지 않으며, 몸속이 청소되는 효과를 실감할 수 있게 해 준다. 낮 12시쯤 기운이 좀 떨어진다 싶으면 차가운 물로 샤워를 하고 마사지를 하자. 배가 고프면 지금 몸에 쌓인 지방으로 살고 있음을 스스로에게 상기시키자. 그리고 하루에 세 시간씩 걷자. 이 말에 이렇게 생각할 사람도 있을 것이다. '속이 텅 비었는데 하루에 세 시간이나 걸을 힘이 어디 있어?' 아니, 있다! 위를 몇 시간 쉬게 하는 것만으로 힘이 얼마나 절약되는지 알게 되면 분명히 깜짝 놀랄 것이다. 물론 처음에는 좀 힘들겠지만 스스로 다짐한 것을 잊지 말자. 첫날은 15분, 둘째 날은 30분, 셋째 날은 1시간씩 걷는 식으로 시간을 차차 늘리면 된다.

침체 기운이 빠진다 싶으면 가능한 모든 방법을 동원해 자기 자신에게 활력을 불어넣자. 책을 읽고, 명상을 하고, 음악을 듣자. 기운이 없다고 누워만 있으면 안 된다. 부지런히 움직일수록 활력이 생긴다. 그리고 단식하는 동안에는 물을 많이 마시자. 물은 지방 조직의 독소를 제거해 준다. 물을 마시다 보면 식욕이 점차 사라진다. 반면 물이 아닌 과일 주스를 마시면 위가 자극을 받아서 음식물을 요구하게 된다.

종료 단식을 막 끝낸 시점은 단식을 하는 동안만큼이나 중요하다. 예전 식습관으로 돌아가지 말자. 갑자기 예전처럼 먹는 것은 특히 금물이다. 단식이 끝난 첫째 날 낮에는 과일을 물에 갈아서 먹고, 저녁에는 과일만 갈아서 먹자. 둘째 날에는 낮에 과일을 먹고, 저녁에는 요구르트와 샐러드를 먹으면 된다. 셋째 날에는 통밀빵 한 조각에 샐러드나 수프를 곁들여 먹는 식으로 곡물이나 채소를 조금 먹는다. 최대한 많이 씹고 천천히 먹자. 처음 몇 끼는 몇 입만 먹어도 충분하다. 넷째 날 정도부터는 평상시대로 먹어도 좋다.

몸과 마음을 정화하는 목욕

선 사상에서는 몸을 깨끗이 하는 것과 마음을 깨끗이 하는 것을 하나로 여긴다. 터키식 목욕탕이 명상을 유도하는 정신적 공간인 사원과 유사한 구조인 것도 그 때문일 것이다.

집에 혼자 조용히 있는 시간이 생기면 목욕을 하자. 목욕은 우리의 감각을 가다듬을 수 있는 얼마 되지 않는 기회 가운데 하나다. 몸과 마음을 정화하고 우리 자신을 들여다볼 수 있는 풍요로운 시간이기도 하다.

뜨거운 물로 목욕한 뒤에 차가운 물로 샤워를 하면 기분이 개운해진다. 더운물과 찬물을 오가는 목욕은 심장의 기능을 돕는 효과가 있다. 피부 혈관계가 수축하고 확장하는 과정에서 혈액 순환이 활발해지기 때문이다. 혈액 순환이 활발하면 체내 노폐물도 더 잘 제거된다. 또한 신진대사가 활발해지고, 긴장된 근육이 풀어진다. 목욕을 할 때는 물의 감촉을 느끼고 물소리를 즐기자. 물은 에너지, 즉 기를 전해

준다. 많은 사람이 목욕의 중요성을 과소평가하지만 목욕은
건강에 꼭 필요한 요소다.

　병이 없다고 건강한 것은 아니다. 활력을 지니고 있고, 그
활력을 사용할 수 있을 때 건강한 것이다. 우리에게는 음식
만큼이나 활력이 필요하다. 건강 자체를 목표로 삼는 게 아
니라, 즐겁고 활기차게 살기 위해 건강을 추구해야 한다.

운동하기

몸을 움직여서 얻는 깨달음

몸을 건강하고 아름답게 가꾸려면 자기 성찰과 수련이 필요하다. 우리가 지닌 모든 정신적·신체적 능력을 단련시켜야 한다. 깨달음은 정신을 통해서만 얻을 수 있는 것이 아니다. 몸을 통해서도 깨달음을 얻을 수 있다. 젊고 건강한 몸을 지키고 싶다면 운동을 하자. 운동은 불안감을 누그러뜨리고, 겉모습을 아름답게 해주며, 자기 몸을 스스로 다스리고 있다는 느낌을 준다. 우리가 매일매일 밥상을 차리거나 이를 닦는 것처럼 운동도 일상생활의 일부가 되어야 한다.

요즘 사람들은 주로 앉아서 생활하기 때문에 일부 근육은 쓸 일이 아예 없다. 움직이지 않으면 몸이 약해지고 비만과 우울증을 부른다. 온갖 독소가 몸속에 고여 체내 중독을 유발한다. 근육은 저마다 생명 유지에 필요한 기능을 지니고 있기 때문에 근육을 사용할 때마다 우리 몸은 더 건강해진다. 당신이 근육을 사용하면 몸은 자연스러운 아름다움을 드러낼 것이다.

근육이 잘 발달한 몸은 가만히 있을 때도 활력이 넘친다. 자세도 뒤틀림이 없이 올바르다. 움직임 또한 우아하고 유연해 보인다. 동작 하나하나가 매력을 표출한다. 잘 단련되고 가꾸어진 몸은 나이가 들어도 아름답다.

삶의 질은 우리 자신이 행하고 생각하고 선택하는 것에 얼마나 관심을 기울이느냐에 달려 있다. 그리고 모든 것은 우리가 관심을 기울일 때 개선된다. 우리 몸도 마찬가지다. 단지 살을 빼려는 목적으로만 운동을 하지 말자. 어린 시절 해변에서 뛰어놀 때처럼 즐거움을 위해 운동하자. 운동으로 기쁨과 활력을 얻자.

운동, 삶의 긴장을 벗는 일

운동은 인간을 아름답게 만든다. 육체적인 아름다움만을 말하는 게 아니다. 운동은 긴장을 풀어 주고 일의 능률을 높인다. 따라서 에너지를 낭비하는 일도 줄어든다. 우리를 뻣뻣하게 만들고 있는 긴장의 갑옷을 벗어던지자. 신체적·정신적 긴장은 에너지를 낭비하는 것이다. 자신을 포함해서 모든 것으로부터 자유로워지려면 긴장의 갑옷을 벗어 내는 일은 꼭 필요하다.

운동을 할 때 당신의 몸에서 발산되는 에너지를 느껴 보자. 잡념을 없애고 몸의 작은 부위까지 집중하자. 운동은 긴장을 풀어 주고 기를 북돋우고 집중력과 균형 감각을 키워 준다.

운동은 모든 것을 긍정적인 에너지로 변환시킬 수 있다. 운동을 하면 마음가짐이 달라지고 겉모습도 달라진다. 처음에는 불가능하게만 보이던 것도 성취할 수 있게 되어 일상에서 자신감을 회복할 수 있다. 몸을 정화하고 정신력을 모아서 우리 안에 잠재하고 있는 에너지를 일깨우자. 그 에너지가 깨어나면 지성과 지혜도 늘어난다. 운동으로 생기를 얻은 사람은 일종의 빛, 카리스마, 아우라를 발산한다.

일상의 가치를 높이는 규칙

건강과 아름다움을 얻으려면 규칙이 필요하다. 규칙을 정해 두어야 물리적인 안락함을 추구하려는 욕구와 몸의 게으름에서 벗어날 수 있기 때문이다. 그리고 이러한 규칙은 자신 스스로가 정해야 하며, 즐겁고 소신 있게 실천해야 한다.

규칙은 고통스럽게 지켜야 하는 것이 아니라 몸과 마음과 정신을 위한 약임을 잊지 말자. 반복과 훈련을 통해 몸과 마음을 닦는 일이다. 르네상스 시대 일부 사람들은 이러한 자기 수련을 회화나 조각 같은 창작 활동과 동급으로 보기도 했다. 규칙을 활용하면 얼마든지 자신을 완벽하게 다듬어 빛날 수 있다.

규칙의 힘과 효험을 모르는 사람은 그 혜택을 누릴 수 없다. 무엇이든 규칙을 정해 놓고 5분 동안 집중해서 하는 것이 45분을 대충 보내는 것보다 더 좋은 결과를 가져다준다. 조금만 더 노력하자. 다른 누구도 아닌 자신을 위한 일이다. 소식하고, 아침 일찍 일어나고, 찬물로 샤워하는 일처럼 몇 가지 힘든 일도 받아들이자. 그런 규칙을 생활방식으로 만들자. 그러면 중요한 것을 얻기 위한 활력과 인내력을 갖게 될 것이다. 일상이 가치 있게 변할 것이다.

싫증 나는 일을 해결하는 방법

싫증 나는 일상적인 일을 해결하는 한 가지 방법은 그 일을 의식을 치르듯이 하는 것이다. 의식이라고 생각하면 하기 싫고 귀찮은 일도 아름답게 해낼 수 있다. 청소나 설거지, 산책, 목욕, 운동처럼 혼자서 하는 일을 의식으로 만들자. 그 일을 끝낼 때까지 그것에만 완전히 집중해서 열심히 하자. 서두르지 말고, 다른 것은 아무것도 생각하지 말자. 그 순간과 그 장소에서는 오로지 그 일을 하는 것에만 만족하자. 그 일을 처음 하는 것처럼 새롭고 흥미롭게 여기고 그 일이 지닌 가치를 재발견하자.

하고 있는 것에 계속 집중하는 능력을 키우자. 자신의 한계를 뛰어넘고 이전보다는 더 잘하도록 노력하자. 손에 닿는 모든 것을 의식하자. 아침에 씻을 때도 의식을 치르듯 제대로 하자. 일상적인 일이라고 해서 우리가 다 제대로 할 줄 아는 것은 아니다. 제대로 할 줄 모르는 게 사실 더 많다.

일본의 영화감독 오즈 야스지로는 우리가 하는 행동 하나하나가 더없이 평범한 것까지도 큰 의미를 지닐 수 있음을 영화를 통해 보여 준다. 그의 인물들은 아무리 평범한 일을 하는 경우라도 다른 관심사는 전부 제쳐 놓고 그 순간에 하고 있는 일에만 오로지 몰두한다. 일상을 그런 식으로 의미 있고 가치 있게 만들면 삶 전체가 더 완벽해진다.

가벼워지기

가벼움은 삶의 지혜

다른 사람과의 관계 이상으로 자기 몸과의 관계가 중요하다. 우리는 몸이 있기 때문에 존재하고 느끼고 살아간다. 몸이 순조롭지 않으면 아무것도 순조로울 수 없다. 몸이 순조롭게 돌아가려면 비만은 금물이다. 적게 먹고 몸을 가볍게 만드는 건 일종의 철학이고 지혜다. 보다 잘 살기 위한 한 가지 방법이다. 절대적이고 유일한 다이어트 방법은 존재하지 않지만 그래도 살을 빼는 보편적인 방법이 있다면 그것은 바로 부정적인 생각을 없애는 것이다. 자기 자신을 사랑하지 않으면 살을 뺄 수 없다. 사랑과 즐거움을 느끼지 못한다면 좋은 방향으로 변화할 수도 건강을 얻을 수도 없다.

지방과 이별하기

비만은 근육에 비해 지방이 너무 많은 상태다. 몸이 너무 무거우면 무릎, 허리, 척추 등의 관절에 부담이 가고 당과 지방의 수치를 조절하는 시스템에도 문제가 생긴다. 설탕이나 흰 밀가루처럼 영양적으로 아무 도움이 안 되는 '무가치한' 칼로리는 신진대사를 방해하고 그 결과 지방의 축적을 부른다는 점을 기억하자.

소고기와 돼지고기에 함유된 지방은 체내에 빨리 축적되고 잘 연소되지도 않는다. 이 지방은 간을 거쳐 혈액으로 이동한다. 그렇게 혈액 속을 돌아다니다가 몸의 일부에 쌓인다. 지방이 쌓인 부위는 체온이 낮다. 확인해 보면 알겠지만 살이 많이 찐 부위는 다른 부위에 비해 체온이 낮다. 따라서 지방이 많은 사람일수록 체온이 낮고 혈액 순환 속도도 느려 칼로리 연소가 적다.

옛날 사람들은 작물을 다시 수확할 수 있는 시기가 올 때까지는 저장해 둔 것으로만 살았다. 그러나 요즘 사람들은 기다릴 필요가 없다. 그래서 너무 많이 먹고 너무 나쁘게 먹는다. 몸에서 지방을 줄이면 두통과 요통, 피로, 무기력증이 사라진다. 적게 먹으면 소화기관을 건강하게 유지할 수 있고 찌꺼기를 비워 내는 작용도 원활해진다. 먹는 것에 대한 유혹을 이겨 내면 몸이 자유로워진다. 날씬한 몸을 유지하려면 당연히 적게 먹어야 한다. 노력하자. 노력의 끝에는 말로는 설명할 수 없는 만족감이 우리를 기다리고 있을 것이다.

> ### 마법의 식초
>
> 체중을 줄이고 싶다면 매일 아침 일어나자마자 꿀 1티스푼과 사과 식초 1스푼을 따뜻하거나 차가운 물에 타서 마시자. 식초는 사과와 같은 특성을 지닌 식품으로 여분의 단백질을 제거하는 힘을 가지고 있다. 또한 관절에 쌓인 독소를 분해하고 인체에 칼륨을 공급해 주며 몸을 유연하게 만들어 준다.

가벼운 몸으로 가볍게

나쁜 식습관은 우리의 활력을 조금씩 앗아간다. 그러다 보면 심각한 결과에 이를 수도 있다. 식사량을 줄이면 수명은 늘어난다. 소식은 황금률이다. 이 규칙을 지키지 않으면 아무리 좋은 음식도 득이 되지 못한다.

적게 먹되 영양가는 챙겨야 한다. 영양가가 없는 음식을 먹으면 기운이 떨어져 병원에 가거나 약을 사 먹어야 한다. 음식에 돈을 아끼려다 돈이 더 나가는 것이다. 게다가 머리를 쓰는 힘도 떨어지고 일상생활도 충실히 할 수 없게 된다. 하지만 영양가가 너무 과한 음식도 좋지 않다. 몸이 그 음식을 소화하고 흡수하느라 계속 일을 해야 하기 때문이다.

몸이 뻣뻣한 것은 관절에 불순물이 쌓였기 때문이다. 아기는 몸에 불순물이 아직 쌓이지 않았기 때문에 유연한 것이다. 기침, 블랙헤드, 거칠거칠한 팔꿈치, 티눈, 여드름, 부스럼 등은 몸이 체내 불순물을 바깥으로 배출하기 위해 애쓰고 있음을 알리는 증상이다. 대부분의 사람이 그렇듯 몸에 불순물이 쌓인 채로 살면 섭취하는 음식물의 35퍼센트밖에 활용하지 못한다. 얼마나 큰 낭비인가!

몸을 가꾸자. 외출하거나 산책하자. 많이 웃자. 자기 자신에게 향기로운 목욕물과 아름답고 편안한 옷을 선물하자. 움직이고 걷는 일이 얼마나 멋진 것인지 재발견하자. 그리고 가벼운 몸으로 유연하고 건강하게 살자.

치료해야 할 것은 병이 아니라 사람

건강하려면 올바른 의식이 필요하다. 우리는 현재 영양 과잉 사회에 살고 있다. 우리는 자극을 축적하고 음식물을 축적한다. 비만은 축적에 따른 병이다. 사람들은 언제나 더 많이 원하고 그 결과 질병의 원인인 스트레스를 자초한다. 질병의 원인은 무엇보다도 사람들이 저지르는 잘못과 관련이 있다. 따라서 치료해야 할 것은 질병이 아니라 사람들 자체다. 지나치게 많은 것이나 적은 것, 지나치게 빠른 것이나 느린 것들이 질병을 부르듯이 건강하려면 균형이 필요하다. 자연스러운 균형을 얻으려면 마음의 독소부터 제거하자.

먹기

소박한 밥상

이상적인 식생활은 밥상에 올라오는 음식의 종류에 제한을 두는 것이다. 그래야만 영양소가 더 쉽게 소화되고 흡수된다. 일부 민족이 고령에도 건강을 유지하는 것은 식습관 덕분이다.

나는 식사 때 아름다운 나무 사발을 사용한다. 나무 사발에 내 몸에 필요한 양만큼만 담고(위장은 자신의 주먹 크기 정도라고 한다) 그 선을 넘지 않도록 한다. 내 밥상에는 그렇게 나무 사발에 담은 약간의 밥과 함께 녹색 채소 조금과 작은 생선 한 토막 아니면 달걀이나 두부가 오른다. 그리고 겨울에는 따뜻한 국을 곁들이고 여름에는 신선한 샐러드를 곁들인다.

이상적인 삶의 자세를 실제로 실천하며 사는 사람들에게

소박한 밥상은 청빈과 검소함의 상징이다. 다른 사람들을 착취하고 희생시키면서까지 무절제하고 사치스럽게 살아가는 현대인에 대한 무언의 비판이기도 하다.

요리의 기쁨

식생활은 음식을 먹는 것만 말하는 게 아니다. 재료를 준비하고, 요리하고, 차리고, 대접하고, 음식을 통해 영혼을 배불리는 것 역시 식생활에 속한다. 요리하는 기쁨을 즐겨 보자. 채소를 씻고, 자르고, 찌는 일에서 즐거움을 발견하자.

도구들은 요리할 때 쉽게 꺼내어 쓸 수 있도록 싱크대 선반에 넣어 두자. 도구를 가지러 가고 꺼내는 데 필요한 움직임을 줄이고, 더럽거나 어질러진 것은 바로 깨끗이 치우자. 밥상에는 부엌을 정리한 다음에 앉아야 한다. 요리 기구들이 잘 구비된 깨끗한 부엌에서 신선한 재료를 가지고 상상력을 발휘해 보자.

천천히 그리고 우아하게

건강을 위해 음식의 칼로리를 계산하거나 밥을 굶거나 건강식품에 큰돈을 쓸 필요는 없다. 그런 것은 강박적인 행동에 지나지 않는다. 정말 필요한 것은 생각하고 느끼면서 먹는 것이다. 잘 먹는다는 것은 천천히 그리고 우아하게 음식과 우리 몸을 존중하면서 먹는 것을 뜻한다. 먹는 방식을 통제하는 것은 곧 체중을 통제하는 일이다. 음식을 먹기 전에 호흡부터 하자. 스트레스와 부정적인 생각은 날숨과 함께 내보내자. 그리고 천천히 음미하면서 먹자.

하루에 우리에게 필요한 음식은 채소 세 줌, 과일 두 개, 빵, 밥, 국수 같은 탄수화물 식품 약간, 생선, 두부, 달걀, 고기 같은 단백질 식품 약간, 콩류 약간이다. 보통 한 끼에 탄수화물 200그램, 단백질 100그램, 약간의 채소를 먹으면 된다. 전부 해봤자 주먹이나 자몽 하나 크기를 넘지 않는 양이다. 특별한 날이 아니면 이처럼 간소하게 차려 먹자. 그러면 요리하는 데 드는 시간도 줄어든다.

부엌을 정신적으로 성장하기 위해 요리를 준비하는 성스러운 장소로 여기자. 그리고 밥상에 생명력과 생각을 담아내자. 배가 차도록 먹을 음식은 밥 한 공기 정도로 제한하자. 나머지 음식은 젓가락 끝으로 조금만 집어서 음미하며 먹자. 좋은 것이 지닌 진정한 가치, 겉으로 쉽게 드러나지 않는 풍요로움은 일종의 금욕 안에서만 맛볼 수 있음을 명심하자.

아름다운 장소에서 아름답게

잘 살아간다는 것은 삶의 매 순간 의미를 발견한다는 것을 뜻한다. 먹는 순간에도 의미는 중요하다. 추하고 너절한 장소에서 음식을 먹을 경우, 아름다움에 대한 욕구를 보상하기 위해 과식을 하게 된다. 그러므로 혼자 밥을 먹더라도 아름답게 먹자. 옷을 갈아입고 머리를 매만지고 몸을 깨끗이 하자.

밥상도 되도록 아름답게 차려서 먹자. 부엌 싱크대에 대충 차려 놓고 먹지 말고! 플라스틱이나 종이로 된 식기는 피하자. 플라스틱과 종이를 밥상에서 몰아내면 삶 자체가 달라진다. 하지만 전쟁과 산업 발전 이후 플라스틱 세상에서 자란 사람들은 이제 천연 소재와 합성 소재를 구분하지도 못한다. 플라스틱 용기는 음식을 냉장고에 보관하기 위한 용도로만 써야 한다. 세세한 부분에 그렇게까지 신경 쓸 필요가 있느냐고 비난하는 사람도 있겠지만, 그렇게 세세한 부분에 신경을 써야 일상이 풍요로워진다. 살아가는 기쁨을 일깨워 주는 것은 바로 그런 세세한 부분들이라는 것을 잊지 말자.

우리 사회는 건강한 식생활의 기쁨을 잘 모른다. 게다가 음식이 너무 '꾸밈이 없다'는 이유로 과한 손질을 해서 자연스러운 맛을 해친다. 요리 자체가 맛있고 상차림까지 완벽하면 많은 양을 먹지 않아도 만족감을 느낄 수 있다. 몇 입만 먹어도 충분하다. 양이 아닌 질이 우리를 만족시키는 경우가 얼마나 많은가. 포만감은 양이 아니라 질에 의해서, 즉 음식의 질과 음식을 먹는 장소의 질, 그리고 음식을 먹을 때 우리 마음 상태의 질에 의해서 좌우된다.

길들이기

배고픈 건 몸이 아니라 마음

식탐이 아닌 몸을 만족시켜 주는 것을 먹자. 대부분의 사람은 불안하거나 지루하면 음식을 먹는다. 그래서 비만은 살면서 부딪치는 스트레스로 인한 경우가 많다. 실제로 스트레스와 속도는 현대 문명의 두 가지 적이다. 너무 빨리 그리고 너무 힘들게 살면 몸도 빨리 상한다. 천천히 여유를 갖는 법, 스트레스를 받지 않는 법, 거절하는 법, 간소하면서도 아름다운 요리를 만드는 법을 배우자. 부정적인 것을 모두 제거하는 법도 훈련하자.

음식은 우리의 적이 아니라 가장 좋은 의사가 되어야 한다. 음식은 배가 고플 때만 먹자. 시간이 되었다고, 심심하다고, 힘든 일을 하는 사이에 피곤하다고, 스트레스 받는 일을 한 뒤에 스스로에게 '상'을 주고 싶다고, 우울하다고, 화가 난다고, 질투가 난다고 먹지는 말라는 얘기다. 그리고 한 입 한 입 먹을 때마다 충분히 음미하자. 제일 중요한 것은 배가 더 이상 고프지 않으면 먹는 것을 멈춰야 한다는 것이다.

식이요법 측면에서 볼 때 최상의 식생활은 정해진 시간에 먹는 게 아니라 동물들의 지혜를 따라 배고플 때만 먹는 것인지도 모른다. 아기들은 하루에 서너 시간 간격으로 여섯 번의 '간소한' 식사를 한다. 그런 의미에서 이상적인 식생활은 서너 시간마다 조금씩 먹는 것이라고 할 수 있을 것이다.

배가 고프지 않은데 먹으면 몸이 불안정해진다. 배가 안 고플 때는 먹지 않도록 자신을 길들이자. 그러기 위해서는 노력과 집중력, 적극적인 자세가 필요하다. 당장 내일부터 배가 고플 때만 먹는 식생활을 시작해 보자.

허기 길들이기

허기가 찾아오는 날도 있고 찾아오지 않는 날도 있다. 몸의 상태와 몸이 원하는 것은 수많은 요인에 따라 달라진다. 장이 언제 완전히 비워지는지 정확히 알 수 없는 것과 마찬가지로 허기가 언제 찾아오는지도 정확히 알 수는 없다. 오후 쯤에 간단한 간식을 먹으면 되는 날도 있고, 아침에 잠이 깨자마자 허기가 느껴지는 날도 있다. 그런데 왜 자신의 몸을 시간표에 맞추려고 하는가? 원할 때만 먹는 자유는 원하지 않을 때 음식을 거절하는 자유도 가져다줄 것이다.

하지만 허기진 상태를 오래 내버려 두면 절대로 안 된다. 위에서 분비된 위산이 위벽을 상하게 하기 때문이다. 게다가 지방 연소를 억제하는 인슐린이 분비되어 불필요한 지방을 제거하는 작용도 방해를 받는다.

배고플 때만 먹는 것은 우선은 쉬운 일처럼 보인다. 하지만 잘못된 식습관 때문에 둔해진 뇌를 단련시키려면 의식적인 노력이 필요하다. 우선은 '허기'의 느낌을 판별할 수 있어야 하며 '충분히' 먹었을 때의 느낌도 판별할 수 있어야 한다. 몸이 먹기를 원하는 것과 식탐이 요구하는 것을 구분하는 법 역시 알아야 한다. 당신을 유혹하는 과자가 눈앞에 보이면 다음과 같은 질문을 던지자. '과자와 건강한 몸 가운데 어떤 것이 내게 더 좋은가?'

우리가 보통 식사 시간에 맞춰 하루 세 번 느끼는 식욕과 우리 몸에 저장된 물질이 바닥나서 다시 채워야 할 상태가 반드시 일치하는 것은 아니다. 음식물의 공급은 사실 2~3일에 한 번 정도면 된다. 우리는 생활 리듬 때문에 먹고 자신의 존재를 확인하려고 먹는다. 이른바 '출출한 상태'는 정말로 배고픈 상태가 아닌 경우가 많다. 우리가 출출하다고 믿는 상태의 대부분은 사실 스트레스, 피로, 우울함, 짜증을 완화 시키기 위해 위안이 필요한 상태에 해당한다. 몸이 배고플 때보다 마음이 배고플 때가 더 많다는 사실을 잊지 말자!

갈증의 악순환

가벼운 음료수 캔 하나에 각설탕 12개에 이르는 설탕이 들어 있다는 것을 아는가? 너무 짜게 먹으면 단 음식이 먹고 싶어진다. 그리고 너무 달게 먹으면 짠 음식이 또 먹고 싶어진다. 그러다 보면 갈증이 난다. 따라서 갈증을 조절하려면 지나치게 달거나 짠 음식부터 피해야 한다.

음료를 많이 섭취하면 체내 칼슘과 비타민이 손실된다. 우리 몸이 수많은 화학 작용을 거쳐 힘들게 저장한 칼슘과 비타민이 소변을 통해 빠져나가는 것이다. 그러면 체온이 떨어지고 기운도 떨어진다. 칼슘 손실은 척추 압박과 피로를 유발하기도 한다.

식탁에 물 잔이 없으면 큰일이라도 난 것처럼 구는 사람들이 있지만 식사 도중에 물을 마시는 것 또한 잘못된 습관이다. 그럼 이렇게 물을 사람도 있을 것이다. "포도주는 마셔도 되나요?" 하지만 식사 때마다 술을 마실 필요가 있을까? 술 말고 다른 즐길 거리도 많지 않은가? 식사 전이나 도중에 물을 너무 많이 마시면 음식을 소화시키는 소중한 위액이 희석된다. 식사할 때 우리에게 필요한 수분은 국 한 그릇이면 충분하다. 채소와 과일에도 충분한 수분이 들어 있다.

물을 많이 마시지 않으려면 산성 식품(특히 설탕과 흰 밀가루)이나 너무 짠 음식을 피해야 한다. 달거나 짠 산성 식품이 들어오면 우리 몸은 산성을 중화시키기 위해 물을 필요로 한다. 기름진 음식 역시 산성이다. 튀김을 먹고 나면 갈증이 생기는 게 바로 그 때문이다. 하지만 식사 사이에는 물을 충분히 마셔서 몸에 부족한 수분을 보충해 줘야 한다. 노년층의 경우 특히 그러하다.

좋은 것을 조금만

밥은 모든 식품과 잘 어울리는 음식이다. 특히 콩을 넣어 지은 밥은 건강에 아주 좋은 영양식이다. 밥 한 그릇, 채소 서너 가지가 들어간 국 한 그릇, 생선이나 육류로 만든 반찬 약간이면 훌륭한 상차림이 완성된다. 간소하고, 균형 있고, 알차고, 영양가 많고, 경제적이고, 건강에 좋은 상차림이라고 할 수 있다.

좋은 음식이든 아니든 일단 먹은 것에 대해서는 더 이상 연연해하지 말자. 그리고 먹는 문제를 놓고 도덕가가 되지도 말자. 친구들한테 식이요법에 관한 연설을 늘어놓지 말고 자기들이 원하는 것을 먹게 내버려 두자. 사실 앞에서 말한 여러 규칙을 완벽하게 지키기란 어려운 일이다. 혼자 밥을 먹는 경우가 아니라면 특히 그렇다. 하지만 가능한 범위 내에서 지키기 위해 노력할 수는 있다. 제일 중요한 것은 양질의 음식을 소량만 간소하게 먹는 것이다. 주변 사람들이 그런 당신을 보면서 음식을 먹는 것 말고도 좋은 시간을 보낼 수 있는 방법이 많음을 알게 해주자.

식생활에서 우리가 지켜야 할 규칙

영양가 있고 신선한 식품만 먹는다. 건강식품과 다이어트 식품은 피하고 냉동식품과 통조림은 줄인다. 디저트는 어쩌다 한 번씩만 먹는다. 냉장고에서 꺼낸 요리나 음료는 바로 먹지 말고 실온 상태에서 먹는다. 깨작거리며 먹지 않는다. 단백질 식품은 하루에 한 가지로 제한한다. 음식은 조리 후 즉시 먹는다(시간이 지나면 영양가가 떨어진다). 지방은 제거하고 냉압착 방식으로 추출한 오일을 선택한다. 소금과 설탕을 경계한다. 찌거나 종이 호일에 싸서 굽는 조리 방식을 선호한다.

시작하기

생각부터 바꾸기

매일 생각을 다듬자. 무엇을 생각하고, 무엇을 믿고, 머릿속에 어떤 풍경을 반복적으로 그리느냐가 건강과 행복을 결정한다. 즉 우리가 하는 생각이 우리 인생의 방향을 정하는 것이다. 양질의 식사, 이상적인 체중, 균형 잡힌 생활, 건강한 몸, 풍요로운 인간관계를 원한다면 생각부터 바꿔야 한다.

우리는 모두 정신에 종속되어 있다. 따라서 변화하고 싶다면 먼저 정신을 가다듬어야 한다. 머릿속으로 떠올리는 말과 이미지는 화학 물질과 마찬가지로 우리에게 영향을 미친다. 자신을 뚱뚱한 사람이라고 생각하고 있다면 스스로를 날씬한 사람이라고 생각하도록 바꿔야 한다. 그렇게 하면 날씬한 적이 한 번도 없었던 사람도 날씬해질 수 있다.

원하는 모습을 머릿속으로 생각하자. 그런 모습이 되고 싶다는 열망이 클수록 목표에 도달하려는 의욕도 커진다. 그러다 보면 원하는 이상적인 이미지를 현실로 옮길 수 있다. 활력이 넘치고 유연하고 건강한 사람이 되는 것이다. 누구나 자신이 원하는 사람이 될 수 있다. 우리에게는 그럴 능력이 있다.

이상적인 모습 그리기

우리의 진짜 모습은 겉으로 세상에 보여 주는 이미지가 아니라 내면에 있는 모습이다. 눈을 감고, 긴장을 풀고, 여유를 갖고, 이상적인 이미지를 머릿속에 그려 보자. 원하는 모습대로 정확히 그려 보자. 실제로 그 모습이 되었다고 상상하고 기분이 어떤지 느껴 보자.

원하는 이미지를 생생하고 실제적으로 그리려고 노력하자. 어떤 방식으로 살고 싶은지도 그려 보자. 활력과 에너지를 느끼고, 자신의 모습을 세세한 부분까지 그려 보자. 그 모습이 진짜 당신이다. 당신의 모습은 머릿속에서 그린 모습에 가깝게 변화할 것이다. 자기 자신을 사랑하는 마음을 갖고 스스로 원하는 이상적인 사람이 될 수 있다고 믿자.

진심으로 원하기

원하는 것을 이뤘다고 상상해 보자. 그와 같은 상상은 아주 훌륭한 동기부여가 된다. 그저 의지만 있다고 해서 성공할 수 있는 것은 아니다. 더구나 의지는 계속해서 유지하기가 불가능하다. 중요한 것은 목표에 도달하기를 진심으로 원하는 마음이다. 정말로 원하지 않으면 아무리 의지가 강해도 소용이 없다.

지금 현재 뚱뚱한 사람은 자신은 원래 그런 거라고, 그리고 앞으로도 계속 그럴 거라고 생각하는 경향이 있다. 하지만 그렇지 않았던 시절을 떠올리면 혹은 앞으로는 그렇지 않을 미래를 그려 보면 용기와 희망이 생긴다. 목표를 이룬 모습을 머릿속으로 미리 그려 보는 것은 아주 오래전부터 사람들이 사용해 온 기술이기도 하다.

그리고 무엇보다 중요한 것은 스스로에 대해 자신감을 갖는 것이다. 대부분의 사람은 불안하면 자신감도 사라진다. 그렇기 때문에 당신을 불안하게 하는 이미지는 지우고 당신이 갖고 싶은 이미지를 그려야 한다. 진심으로 원하는 이미지를 상세하게 그리면서 산다면 그 이미지가 현실이 되는 날이 찾아올 것이다.

지침 세우기

원하는 모습을 머릿속으로 그리는 일과 목표에 도달하기 위해 지침을 세우고 따르는 일은 병행해야 한다. 당신이 따르고자 하는 지침, 좋아하는 문구, 인상적인 문장들을 모아서 개인적인 보물로 삼자. 그리고 원하는 모습의 사람이 될 수 있음을 스스로 확신하고 다짐하자.

지침을 하나의 간결한 문장으로 요약하면 기억하기 더 쉽다. 어떤 노력도 어떤 정신력도 개입할 필요 없이 자연스럽게 떠올릴 수 있어야 한다. 문장은 짧을수록 집중하기가 쉽고 덜 피곤하며 당연히 더 잘 외워진다. 쓸데없는 잡념을 막는 가장 확실한 방법은 건설적이고 좋은 생각을 간결한 문장으로 반복해서 떠올리는 것이다. 그러다 보면 새로운 '정신적' 습관이 생긴다. 우리의 습관을 좌우하는 것은 바로 정신이다. 그 지침들은 긍정적인 감정이 일게 해줄 것이며, 의지가 흔들릴 때 바로잡아 줄 안내자이자 보호자가 될 것이다. 인생을 살면서 결정과 선택을 해야 할 때 중요한 역할을 해줄 지침을 세우고 따르도록 하자.

몸의 병은 마음의 병과 따로 떼어서 생각할 수 없다. 이는 인간이 아주 오래전부터 알고 있던 사실이기도 하다. 마음의 병을 없애려면 자기 자신을 돌보는 것을 첫 번째 의무로 여겨야 한다.

예로부터 많은 사상가와 현인들은 자기 자신을 돌보는 일에 긍정적인 가치를 부여했다. 자기 자신을 돌아볼 줄 모르면 자연이나 인간에 관해 아무리 많은 사색을 해봤자 쓸모가 없음을 알았기 때문이다.

우리가 언제 어디서든 지켜야 할 단 한 가지는 바로 자기 자신이다. 우리는 우리 자신을 다스리고, 바로잡고, 더 완전하게 만들어야 한다. 그리고 이처럼 자기 자신을 돌보는 행위는 일상생활 속에서 이루어져야 한다.

마음

치료하기

오염된 마음이 미치는 영향

우리는 실현하지 못한 욕구 때문에 불만스러워하고, 불확실한 현실 때문에 불안해하고, 자신감 부족 때문에 부정적으로 생각한다. 부정적이거나 불안한 생각, 남을 멸시하거나 의심하는 생각은 우리 마음을 오염시킨다. 이러한 감정들은 우리를 정신적, 신체적으로 망가뜨려 마음을 피곤하게 만들고, 사랑과 행복의 감정이 들어서는 것을 방해한다.

오염된 마음은 정신을 산만하게 만들고 분열시키기 때문에 반드시 없애야 한다. 안으로 억누르지 말고 겉으로 드러내 몸 밖으로 내보내야 한다. 병을 고치고 건강과 삶의 행복을 되찾는 힘과 능력은 바로 우리 안에 있다. 스트레스가 당신을 갉아먹기 시작했다면 그것은 당신이 그렇게 하도록 내버려 두었기 때문이다.

마음이 경직되면 몸이 경직된다. 마음에 걱정이 자리하면 위장의 신경 세포들이 인체에 해로운 위액을 분비한다. 걱정은 체내 찌꺼기를 제거하는 신경계와 림프계 조직에도 해를 끼친다. 걱정은 수면에도 영향을 미치며 당뇨병, 주름살, 흰머리, 칙칙한 피부를 부른다. 집중력이나 결단력을 잃게 하고 체내 에너지 순환과 신진대사를 방해한다. 그러나 걱정은 사실 습관에 지나지 않는다. 걱정하는 습관이 걱정을 부르는 것이다!

걱정에 맞서는 법을 모르는 사람은 일찍 죽는다. 걱정이 많은 사람은 병도 아주 더디게 낫는다. 신경과민은 다른 병을 부르는 불치병이다. 정신적인 에너지를 늘 걱정에 빼앗기고 있는데 어떻게 평화로운 삶이 가능하겠는가? 우리에겐 마음의 평정을 되찾는 일이 시급하다.

걱정은 일종의 생각일 뿐

걱정은 일종의 생각에 지나지 않는다. 고대 영어에서 '생각'이라는 단어가 '걱정'을 뜻한 것만 봐도 알 수 있다. 더구나 우리가 걱정하는 일의 90퍼센트는 실제로 일어나지 않는다.

물론 지진이나 화재, 질병 같은 큰 재난이 찾아올 수도 있다. 하지만 우리가 매일 걱정하는 이른바 '큰일'은 바깥세상보다는 우리 머릿속에서 더 자주 일어난다.

마음의 생태계를 개선하려면 그런 걱정들을 모두 없애야 한다. 그래야만 긍정적인 생각도 들어설 수 있다. 마음의 생태계에는 자기 자신을 다듬는 내면적인 수련이 필요하다. 매스미디어가 전파하는 폭력과 공포에 맞서 지식과 예술, 아름다움, 행복, 평화, 사랑이 우리 마음에 자리하게 해야 한다. 마음이 평화로울수록 머릿속에 저장된 정보를 쉽게 관리하고 정리할 수 있으며, 그 정보를 맑은 정신으로 분별 있게 사용할 수 있다.

모든 생각은 결국은 아무것도 아니다. 부정적인 걱정에 휘둘리지 말자. 부정적인 걱정과 당신의 인생 가운데 어느 것이 중요한가?

걱정을 없애려면 그 근원을 먼저 확인하고 자기 자신이 현재 무엇을 원하는지 스스로 물어야 한다. 과거가 아닌, 현재 자신이 하고 있는 것에 집중하자. 예를 들어 아침에는 어떤 하루가 되었으면 좋겠는지 스스로에게 물어보자. 기분 좋고 행복한 것만 떠올리려고 노력하자. 비관적인 사람은 부정적인 방식으로 행동한다. 사고방식이 건설적일수록 자신을 발전시켜 주는 방향으로 나아가기 위해 노력하게 된다. 잠자리에 들기 전에는 그날 있었던 좋은 일을 떠올리자. 기분 좋은 산책, 맛있는 식사, 좋은 사람과의 만남 등 바로 이런 것들이 일상의 보물이다. 좋은 일들은 다이어리에도 적어 두자. 나중에 보면 인생이 당신에게 어떤 행복을 주었는지 알게 될 것이다. 자기 전에 원하는 일을 그려 보고, 생각을 정리하자. 잠들기 전에 던진 질문에 대한 답은 어쩌면 꿈속에서 찾게 될지도 모른다.

치료 법칙 1: 머릿속 정리하기

무위無爲 철학을 따르는 사람들은 이렇게 말한다. "머릿속이 쓸데없는 생각으로 복잡하지 않을 때가 인생에서 가장 좋은 시절이다."

우리 머릿속은 나이가 들수록 생각으로 더 복잡해진다. 쓸데없는 물건, 있는지도 모르는 물건이 꽉 들어찬 오래된 창고처럼 말이다. 머릿속이 생각으로 복잡하면 몸은 정상적으로 기능할 수 없다. 너무 많은 생각은 우리 기운을 빼앗고, 머릿속을 혼란스럽게 만들어 집중을 방해한다.

모든 생각은 저마다 뇌에 흔적을 남기며 면역계를 강화

하거나 약화시킨다. 그러므로 우리에게 좋은 영향만 끼치는 생각만 남도록 머릿속을 정리해야 한다. 머릿속을 정리한다는 것은 물건을 정리할 때와 마찬가지로 중요한 것이 들어설 자리를 만들기 위해 필요 없는 것은 치워 없앤다는 것을 의미한다. 불필요한 물건이 사라지면 안락한 생활에 도움이 되는 것처럼, 불필요한 생각을 지우면 새로운 생각이 들어설 자리가 생긴다.

우리는 스스로 생각하고 있다는 것을 의식할 새도 없이 끊임없이 생각한다. 지금 어떤 생각들로 시간을 보내고 있는가? 왜 그 생각들이 필요한가? 그 생각들은 과연 에너지를 쏟을 만한 가치가 있는 것인가?

머릿속에 자주 떠오르는 생각, 어느 노랫말처럼 자꾸만 맴도는 생각, 습관이 돼서 쫓아 버릴 시도조차 하지 않게 된 생각을 적어 보자. 이 생각들은 세심하게 작성해야 한다. 그리고 완성되면 그 생각들을 머릿속에서 하나하나 참을성 있게 지워 보자. 지워 낸 생각들이 다시 떠오르면 몇 번이고 다시 단호하게 밀어내자. 이 훈련이 열매를 맺는 날, 당신의 머릿속에는 더 유익한 생각이 들어서게 될 것이다.

치료 법칙 2 : 문제 초월하기

문제는 처리하려고 하지 말고 초월하자. 어떤 문제에 집중하면 거기에 매달리게 되고, 그 바람에 앞으로 나아가지 못하게 된다. 부정적인 생각은 분석하거나 해부하거나 연구할 필요가 없다. 어려운 문제도 별것 아닌 것처럼 취급하자. 관심을 보이면 문제는 더 커진다. 주의를 기울일수록 그 문제는 더 큰 영향력을 발휘한다.

문제에 대해 적극적으로 생각하지 말고 그냥 잊자. 어떤 성질의 문제인지만 정확히 알고 있으면 된다. 그런 다음 머릿속을 잔잔한 물처럼 그저 내버려 두자. 우리를 성가시게 만드는 문제나 일에 고집스럽게 매달려 있으면 인생의 아름다움과 가능성을 놓치게 된다. 부족한 것, 부당한 것, 불행이나 불만, 슬픔을 부르는 것만 보게 된다. 원망과 상처 때문에 인생을 망치지 말자. 과거의 잔해는 쓰레기통에 던져 버리고 좋은 기억만 간직하자. 장애물과 문제, 고민에 계속 매달려 있으면 마음은 행복의 문을 닫아 버린다.

치료 법칙 3 : 생체리듬 존중하기

생체리듬을 존중하자. 자신의 생체리듬을 알아내는 가장 좋은 방법은 배가 고픈 시간, 잠이 오는 시간, 기운이 떨어지는 시간을 한 달간 수첩에 기록한 뒤에 주기를 확인하는 것이다. 그리고 다른 습관이나 생활을 그 리듬에 맞추면 된다.

잠을 충분히 자자. 수면 부족은 스트레스를 부른다. 매일 같은 시각에 잠자리에 들고 같은 시각에 일어나자. 보통 수면 주기는 90분이다. 한 주기를 놓치면 다음 주기를 기다려야 한다.

아침을 충실하게 먹자. 아침 식사가 하루 영양의 기본이 되어야 하며, 염분이 들어간 음식과 탄수화물 식품은 아침에 먹는 게 좋다. 영어로 아침 식사를 뜻하는 'breakfast'가 '단식fast을 중단하다break'라는 의미를 지닌 것에서 알 수 있듯이, 자는 동안 했던 짧은 단식을 중단하고 다시 식사를 재개하는 것이 바로 아침 식사다. 특히 아침에는 맛있으면서 건강에도 좋은 음식을 먹자.

먹는 즐거움을 느끼자. 조용하고 기분 좋은 분위기에서 먹고, 시끄러운 식당은 피하자. 조용한 분위기에서 기분 좋게 먹는 식사와 나쁜 조건에서 먹는 식사는 신진대사에 서로 다른 영향을 미친다. 나쁜 조건에서 먹으면 소화가 잘 안되고, 신진대사의 속도도 느려진다. 냉동식품이나 가공식품도 피하자. 간소한 요리, 신선한 채소, 생선, 양질의 오일, 제철 과일을 먹자.

식사는 자기 식대로 먹자. 내키지 않는 식사 초대는 거절하고, 초대 자리에 갔을 때도 나쁜 음식은 피하자. 너무 많이 먹지도 너무 조금 먹지도 말고 정말로 몸이 원할 때 먹자.

신체 활동을 하자. 운동은 스트레스를 물리치는 효과적인 방법이다. 무리하지 말고 규칙적으로 적당히 해야 한다. 일주일에 하루만 1시간 하는 것보다 매일 10분씩 하는 게 더 좋다.

자연 속에서 걷자. 걸으면 생각이 맑아져서 문제를 상대적으로 생각하는 데 도움이 된다. 물가에 가면 음이온을 충분히 들이마시자. 자기 자신을 돌보고 기쁘게 만드는 일을 하자. 하품이 나오면 하품하고, 웃음이 나오면 웃자. 늘 진지할 필요는 없다.

모든 것은 마음의 문제

우리가 느끼는 기쁨, 고통, 스트레스는 얼굴빛, 표정, 주름 등을 통해 얼굴에 고스란히 드러나면서 우리의 특징이 된다. 자기 모습에 대해 생각하지 않고 살다 보면 삶은 황폐해진다. 얼굴은 우리의 모든 것을 말해 준다.

우리의 모든 것은 우리의 생각을 반영한다. 머릿속을 하나의 정원이라고 상상해 보자. 생각은 그곳에 뿌려지는 씨앗과도 같다. 우리의 잠재의식은 우리가 온종일 뿌린 생각들로 만들어진다. 건강, 인간관계, 사회적 지위, 경제적 상황은 바로 생각이 빚어낸 열매다. 그러므로 우리가 하는 생각에 최대한 주의를 기울여야 한다.

우리를 둘러싼 세계는 생각의 반영에 지나지 않는다. 우리의 외부 세계를 만들어 내는 것은 바로 우리의 내면 세계다. 생각이 올바르고 아름답고 분별있는 것을 향하도록 하자.

건강도 마음가짐의 문제다. 건강하게 살고 싶다면 우리가 가진 능력, 생각이라는 능력을 포기하면 안 된다. 생각은 행동과 몸가짐, 행복과 불행을 좌우한다. 자신의 생각을 다스릴 줄 알아야 건강하고 평화롭게 살 수 있다. 인생은 생각에 의해 좌우된다. 생각으로 삶의 흐름을 바꾸고, 현실에 가치를 부여하고, 우리가 가진 모든 가능성의 문을 열자.

다스리기

마음을 돕는 원칙

몸에서 빠져나올 수 있는 마법을 부려서 자신의 몸 바로 옆에 나란히 앉아 있다고 상상해 보자. 그렇게 옆에서 자신을 바라보자. 어떻게 보이는가? 누구를 닮았는가? 마음에 드는가? 어떤 도움과 조언을 주고 싶은가?

우리 마음은 갈피를 못 잡을 때가 많다. 날씬해지고 싶으면서 과자도 한 조각 먹고 싶어지는 식이다. 그래서 우리에게는 원칙이 필요하다. 원칙을 세우고 따르다 보면 습관이 되고 꾸준히 노력하면 자연스럽게 내 것이 된다.

우리 마음은 선택할 줄을 모른다. 그렇기 때문에 몇 가지 원칙을 정해서 마음을 도와주어야 한다. 이 같은 원칙 가운데는 너무나 기본적인 것임에도 사람들이 잘 따르지 않는 것이 많다. 균형 있게 살고, 상식에 맞게 살고, 환경을 존중하며 사는 것이 그것이다. 이러한 원칙이 삶을 떠받치는 기둥이 되어야 한다. 원칙이 없으면 기준도 없다.

나를 바로잡기

자기 자신을 바로잡는 것이 그 어떤 지식을 얻는 것보다 우리를 훨씬 더 자유롭게 만들어 준다. 자신의 부족한 점을 고치고 우리가 마땅히 되어야 할 사람이 되는 방법을 찾으려면 자기 자신을 위한 규율이 필요하다. 즉 자기 자신을 다스릴 줄 알아야 한다는 얘기다.

나를 바로잡기 위해 정한 규율은 풍요로운 삶의 원천이자 꼭 필요한 것이어야 한다. 음식은 허기를 채우기 위한 것이고, 음료는 갈증을 달래기 위한 것이며, 집은 외부 세계로부터 자신을 보호하기 위한 것이라는 사실, 이러한 단순한 사실에서부터 삶의 기쁨을 느낄 수 있어야 한다.

나를 바로잡기 위한 규율은 적절해야 한다. 병이 나거나 극단적인 상황에 이르지 않게 지나치지 않도록 주의해야 한다. 또한 긍정적인 마음으로 기분 좋게 그리고 보람을 느끼며 해야 득이 된다. 필요해서 하는 것이 되어야 하고 꾸준해

야 한다. 우리가 만든 규율 때문에 몸과 마음이 불편하면 안
된다. 우리 몸과 마음을 자유롭게 하는 것이 규율의 목적이
기도 하다.

상처가 아문 뒤 돋는 새살

오르막이 있으면 내리막이 있기 마련이라는 단순한 진리가
자리한 머릿속에는 불안과 후회가 들어설 자리가 없다. 침
체기에 빠진 경우라 하더라도 인생은 우리가 생각하는 만큼
그렇게 암울하지만은 않다.

걱정이나 불안, 고독, 우울함, 원망, 분노, 부정적인 생각
이 들 때마다 재미있는 책을 읽고, 예쁜 옷으로 갈아입고, 꽃
이나 음악, 향초 등으로 주변 분위기를 밝게 만들자. 간단한
운동을 해도 좋고, 일기를 써도 좋고, 목욕을 하거나 산책을
나가도 좋다. 제일 중요한 것은 새로운 에너지가 생겨날 때
까지 생각의 흐름을 중단시키는 것이다.

우리가 항상 해온 대로 하면 다시 원래대로 돌아간다. 우
리에게 한계를 강요할 수 있는 사람은 우리 자신뿐이다. 진
정한 자존심은 자기 자신을 다스릴 줄 아는 것에서 비롯되
며, 자신을 다스릴 줄 알아야 자유를 얻는다. 근육을 단련하

면 더 단단해지듯이, 손가락을 벤 자리에 새살이 돋듯이 우리 마음은 새롭게 시작할 힘을 지니고 있다. 상처 입은 마음도 잘 다스리면 상처가 아물고 새살이 돋아 더욱 단단해질 것이다.

이제 해방이다!

몸과 마음을 다스려서 얻어야 하는 것은 바로 초연함이다. 머리와 마음을 완전히 비워 냈을 때, 더 이상 아무런 집착도 남아 있지 않을 때, 언제나 때와 장소에 맞게 행동할 때, 주관적인 일도 객관적인 시선으로 볼 수 있을 때, 우리는 가장 고결한 형태의 초연함에 이르게 된다. 아무것에도 집착하지 않는 자세는 꼭 필요하다. 그것이 우리를 신체적으로나 정신적으로 뒤흔드는 모든 혼란을 다스리면서 인생과 스트레스를 통제하는 방법이다.

초연해지는 연습을 하자. 이런저런 생각에 집착하지 말자. 아무리 강한 집착도 없애겠다고 결심하면 없앨 수 있다. 그 생각이 인생을 더 이상 방해하지 못하게 만들 수 있다. 집착을 없애면 마음이 가벼워지고 편안해지면서 이런 말이 저절로 나올 것이다. "됐다. 이제 해방이다!"

관계 맺기

불필요한 관계와 관용

비생산적인 인간관계는 정리하자. 당신에게 아무런 도움도 안 되는 인간관계도 정리하자. 사랑이라는 이름으로 이성에게 구속되지 말자. 지혜롭지 못한 사람은 피하자. 그런 사람들은 아무렇게나 생각하고 행동한다. 그들을 상대하면서 욕하는 것보다는 아예 어울리지 않는 편이 낫다. 그런데 지혜와 지식을 혼동해서는 안 된다. 지식은 있어도 그런 지혜는 못 갖춘 사람들이 많다.

사람은 가려서 사귀되 관용을 가져라. 사람들을 갈라 놓는 것은 사회적 지위나 재력, 개인적 믿음이나 열망의 차이다. 그러한 차이 앞에서 관용과 이해심을 발휘하지 못하는 사람은 인간적인 성장을 방해할 뿐이다. 그런 사람이 인생에서 차지하는 자리는 서서히, 하지만 확실하게 줄여 가자. 그리고 좋아하지도 않는 사람들을 생각하는 데는 1초도 허비하지 말자.

불편한 상황에 맞추려고 애쓰지 말고, 남들에게 과도한 솔직함을 요구하지 말자. 누군가와 가까워지기 위해서 속을 다 털어놓을 필요는 없다. 다른 사람들은 자기 식대로 살게 내버려 두자. 사람들은 자신의 결점은 숨기려고 애쓰고 남의 결점은 끊임없이 파헤치려 한다. 하지만 내 자신의 결점은 물론 다른 이들의 결점과도 잘 지내는 법을 알면 타인과의 관계가 훨씬 부드러워진다.

관계 법칙 1: 주고받을 땐 선을 지키기

살다 보면 남에게 줄 때도 있고 남한테서 받을 때도 있다. 그런 관계를 자연스럽게 여기자. 남들한테 받는 것을 거북하게 여기지 말자. 상대방의 호의를 악용하는 경우가 아닌 한, 주는 것은 고맙게 받으면 된다.

그런데 주는 행위의 경우, 많이 주는 게 무조건 좋은 것은 아니다. 주는 행위는 사실 자기 자신이 기쁨을 얻기 위해서 하는 경우가 많다. 게다가 대가를 바라지 않고 준 경우라 하더라도 선물을 받은 사람이 고마워하지 않거나 예상과는 다른 반응을 보이면 원망스러운 마음이 들기 마련이다.

고민이 있는 친구에게 지나친 충고를 하는 것 역시 좋지 않다. 말뿐인 충고는 도움이 못될 때가 많다. 그리고 너무 나서서 도와주면 그들은 결코 스스로 배우지 못한다. 그런 친구에게 해줄 수 있는 유일한 일은 선을 지켜 주는 것이다. 그저 조용히 곁에 있어 주고 이야기를 진심으로 들어 주자. 친구가 믿고 말할 수 있도록 편안하게 해주자. 선을 지키는 것은 자신을 위한 일이기도 하다.

우리는 종종 지나치게 주려고 한다. 하지만 이러한 행동은 사랑이나 우정을 얻기 위한 것인 경우가 많다. 있는 그대로의 모습으로는 사랑받지 못할까 봐 두려운 마음에 '오버'하는 것이다.

관계 법칙 2 : 듣는 법을 배우기

남의 말을 듣는 법을 배우자. 고대에는 몸을 움직이지 않고 바른 자세로 진지하게 남의 말을 듣는 법을 따로 배웠다. 이처럼 남의 말을 주의 깊게 듣는 태도는 사람의 품성을 말해 주는 일종의 지표라 할 수 있다. 그리고 그런 사람은 믿을 만한 사람이라는 신뢰를 준다. 남의 말을 들을 줄 아는 사람의 침묵에는 심오하고 절도 있는 가치가 담겨 있다.

다른 사람과 마주하고 있을 때는 불필요한 말과 움직임을 최대한 아끼는 일종의 자제력이 필요하다. 그렇게 에너지를 아끼면 어떤 득이 되는지, 또 다른 사람에게 미치는 영향력은 어떻게 달라지는지 알 수 있을 것이다.

관계 법칙 3 : 말을 조심하기

말과 관련한 황금률이 하나 있다. 좋은 말이 아니면 아무 말도 하지 말라는 게 그것이다. 올바르고 친절하고 공손한 말인지 확신이 들 때만 말해야 한다. 이 원칙을 꼭 지키자.

말하기에 앞서 일단 생각부터 하고 입을 열자. 그러면 사람들이 당신의 말에 더 귀를 기울일 것이다. 그리고 다른 사람들이 편히 말하게 해주자. 말을 끊지 말고 자기 생각을 다 말할 때까지 기다려 주자.

뭔가 좋은 일을 했을 때 그것을 떠들고 다니지 말자. 그래야 기쁨이 희석되지 않고 고스란히 간직된다. 말을 너무 많이 하면 에너지를 빼앗기게 되고, 말의 무게가 없어진다. 남한테 폐를 끼칠 수도 있다. 사람들은 다른 사람에게 도움을 주기 위해서가 아니라 자신의 만족을 위해 자기 경험을 말하는 경우가 많다. 그렇게 사람들은 자기 자신에 대해 너무많이 말한다. 우리가 우리 자신에 대해 많이 말할수록 상대방은 물론 우리 자신과도 더 멀어지게 된다는 걸 잊지 말자.

당신의 불행에 대해 얘기하는 것을 멈추자. 불행에 대한 얘기는 당신을 피곤하게 하고 상대방도 피곤하게 한다. 모든 일은 우리가 중요성을 부여할 때 의미를 가진다. 불행에 대해 얘기하면 더 불행해진다. 반대로 재미있는 일을 얘기하면 웃을 일이 늘어난다.

인생관이나 종교에 관한 언쟁은 피하자. 그것이 적을 만들지 않는 최선의 방법이다. 그리고 깊은 이야기를 나눌 때와 가벼운 이야기를 나눌 때가 따로 있다는 사실도 기억해야 한다. 때를 가리는 법을 배우자.

관계 법칙 4 : 비난하지 않기

다른 사람을 비난하면 그 사람이 아니라 자신의 인격을 드러내게 된다. 남을 비난하는 사람이라는 사실을 보여 주는 것이다. 누군가를 비난하는 것은 문제를 자초하는 행동이자 자기 자신을 깎아내리는 행동일 뿐이다. 다른 사람을 비난하면 에너지가 소모되고, 굳이 놓이지 않아도 될 상황에 놓이게 된다.

비난하는 것은 무엇보다 버릇이다. 어떤 일에 대해서든 기분이 어떻든 간에 나쁜 말은 절대 하지 말자. 그러면 그 새로운 습관이 제2의 천성이 될 것이다. 남을 비난하면 속이 시원할 수도 있다. 하지만 남을 비난하는 것 말고도 대화를 나눌 거리는 얼마든지 있다. 자리에 없는 사람들에게도 신의를 지키자. 그러면 자리에 함께 있는 사람들이 당신을 신뢰하게 될 것이다. 이중적인 사람이 되지 않도록 조심하자. 모든 사람을 같은 원칙에 따라 대하자.

남의 결점에 신경 쓰는 대신 자신의 결점부터 신경 쓰자. 나쁜 일이나 남의 불행보다는 자연의 신비나 미담, 아름다움과 고요함, 안락한 전원생활 같은 기분 좋은 주제에 관심을 돌리자. 자신과 상관없는 일에 대한 호기심은 그런 주제에 대한 관심으로 바꾸어야 한다. 어쨌거나 남을 비난하지 말자. 그 사람이 되지 않고는 사정을 알 수 없는 법이다.

관계 법칙 5: 설교하지 않기

남들과 좋은 관계를 유지하려면 자기 자신을 통제할 줄 알아야 한다. 지식을 과시하거나 철학자 행세를 하지 말자. 모자란 사람이 되는 것이 곧 잘난 사람이 되는 길이다. 우리는 우리 생각을 소리 높여 말할 때가 많다. 그리고 우리 자신이 높게 평가하는 생각을 남에게 설명하려고 든다. 자신은 실제로 그 생각대로 살지 못하고 있으면서 그렇게 사는 척 연기하는 것이다.

어떤 원칙을 가지고 있는지 자랑하지 말고, 그 원칙을 따르며 사는 모습을 보여 주자. 어떻게 먹는 게 바른 것인지 가르치려 하지 말고, 스스로 바르게 먹자. 자신이 한 것에 대해서는 그 어떤 자랑도 늘어놓지 말자.

거절과 자유

우리 사회에서는 솔직하고 정직한 것보다는 위선적이더라도 친절한 쪽이 더 환영받는다. 하지만 원하지 않는 일은 거절할 줄 알아야 한다. 친구들과의 모임에 가는 것을 거절한다고 해서 초대한 사람이 상심한 나머지 절벽 아래로 몸을 던지지는 않는다. 도의상 수락할 수밖에 없는 자리라 하더라도 할 말은 분명하게 하자. "좋아. 그런데 금요일에는 저녁 8시까지만 시간을 낼 수 있어." 거절할 때는 군더더기 없이 짧게 하는 게 좋다.

다른 사람들에 맞추느라 자신의 계획을 바꾸지 말자. 그들이 어떻게 생각하고 말할지 신경 쓰지 말자. 안 그러면 남들한테서 자유로울 수가 없다. 다른 누군가를 위해 자신의 가치와 꿈을 망치면 우리는 참모습과 활력을 잃게 된다. 다른 사람들이 기대하는 모습이 아니라 자신이 원하는 모습의 사람이 되자. 인생에서 원하는 것과 원하지 않는 것이 무엇인지 정확히 알아 두자.

도움이 안 되는 것은 전부 다 내려놓자. 한때는 나의 것이었지만 이제는 더 이상 그렇지 않은 믿음과 가치, 의무감과는 관계를 끊자. 남에게 구속되지 말자. 변명을 늘어놓지 않고 미소 지으면서 거절할 줄 아는 용기가 있어야 한다. 아무도 우리를 휘두를 수는 없다. 우리를 움직일 사람은 우리 자신뿐이다. 우리가 우리 의견을 뜻대로 표출하지 못한다면 우리 인생도 뜻대로 되지 않을 것이다.

홀로서기

스스로 가치 있는 사람

자기 자신을 학대하지 말자. 스스로 가치 있는 사람이 되자. 자기 자신을 사랑으로 대하자. 그래야 다른 사람들도 사랑으로 대할 수 있다. 자신에게 기쁨과 즐거움을 주는 것이 무엇인지를 찾고, 자신을 기쁘고 즐겁게 만드는 행동을 하자. 자신의 진가를 인정하면 스트레스가 사라진다. 스스로를 하찮게 생각하는 것은 독이나 다름없다.

사실 많은 사람들이 정서적으로 불안한 상태에서 살아간다. 그들은 무의미한 행동을 하고, 자신감 없어 하며, 자신은 사랑받을 자격이 없다고 생각하고, 불안을 달래기 위해 중독에 빠진다. 하지만 스스로 상처받지 않겠다고 마음먹으면 아무도 상처를 주지 못한다. 고통은 우리가 어떤 사실을 고통이라고 해석할 때만 나타난다. 우리가 마음먹기에 따라 해석은 얼마든지 바뀔 수 있다.

자기 자신의 모습을 잃지 않고 '온전하게' 남아 있으려면 자신의 진가를 발견할 필요가 있다. 남들과 비슷해지려고 애쓸 필요도 없고, 달라지려고 애쓸 필요도 없다. 자립을 위한 최선의 방법은 타인의 시선에 대한 지나친 강박 없이 자기 모습 그대로 나아가는 것이다.

홀로서기 법칙 1: 남에게 기대지 않기

다른 사람이 잘못한 것에 대한 책임을 당신이 떠맡을 필요는 없다. 마찬가지로 자신의 행동에 대한 책임은 오로지 자신에게 있다. 행복해지려면 남에게 기대지 말아야 한다. 온 세상 사람들이 챙겨 줘야 할 정도로 스스로 그렇게 대단한 사람이라고 생각하는가? 아니면 사람들이 동정해 주길 바라는가? 사람들은 자신이 스스로 만들어 낼 수 없는 행복을 타인에게 요구한다. 하지만 스스로 행복하지 못하다면 다른 사람들도 우리를 행복하게 해줄 수 없다. 바람직한 사람은 아무것도 요구하지 않고, 아무것도 후회하지 않고, 아무것도 잃을 게 없는 사람이다. 그런 사람은 사람에도 물건에도

쉽게 영향받지 않으며, 자기 자신이 지닌 무한한 능력을 찾
아낼 줄 안다.

홀로서기 법칙 2 : 남을 바꾸려고 하지 않기

남을 바꾸려고 하지 말자. 그런 행동은 인생을 복잡하게 만
들 뿐이다. 에너지를 빼앗고 무력감과 실망감을 안겨 준다.
남을 가르치려 들지도 말자. 남들이 당신의 평화와 행복의
비밀이 무엇인지 궁금해하게 내버려 두는 것에 그치자. 남
들에게 영향을 미칠 수 있는 유일한 방법은 우리가 사는 모
습을 통해 그들이 우리의 생활방식과 태도, 생각을 따라 하
고 싶게 만드는 것이다. 모든 사람은 행복감으로 환하게 빛
나는 사람들을 따라 하고 싶어 하는 법이다. 남들을 도와주
고 싶다면 그들이 스스로 생각하도록 만들어야 한다. 아널
드 토인비의 말에 따르면, 인류의 미래는 사람들이 각자 자
기 내면의 깊이를 발견하고 그 내면에서부터 타인을 도울
수 있는 최상의 것을 얼마나 끌어내느냐에 달려 있다.

　언제나 자신이 옳다는 생각을 버리자. 계획을 세우고 진
행하는 역할을 꼭 맡아야 한다는 생각도 버리자. 반드시 나
서야 할 필요가 있다고 판단될 때는 그렇게 하되, 그렇지 않

을 때는 아무것도 하지 말자. 아무 말도 하지 말자. 그러면 사람들에게 그만큼 더 존중받을 것이다.

자신이 남보다 우월하다는 생각은 발전을 방해한다. 남들과 의견이 부딪칠 때는 우리 자신을 먼저 되돌아보아야 한다. 그리고 자신이 옳다고 고집하는 사람은 그렇게 생각하게 내버려 두자. 그런 사람에게 당신의 의견을 주장해 봤자 에너지만 허비할 뿐이다.

홀로서기 법칙 3 : 혼자서 삶을 풍요롭게 하기

'혼자'를 뜻하는 영어 단어 'alone'은 원래 'all one', 즉 '완전한 하나'를 의미한다. 완전한 하나로 존재하는 시간, 혼자 있는 시간을 즐기자. 사실 혼자라는 것은 선택이 아니다. 우리가 처음부터 가지고 있던 조건이다. 우리는 모두 존재 가장 깊숙한 곳까지 혼자다. 혼자 있는 일에 익숙하지 않은 사람은 혼자 지내기 힘들 수도 있다. 하지만 익숙해지면 혼자가 얼마나 편한 것인지 알게 된다. 혼자 있는 시간은 에너지를 얻는 시간이기도 하다. 우리가 두려워해야 할 것은 물리적인 고독이 아니라 정신적인 고독이다. 다른 사람들과 함께 있을 때도 외롭다고 느끼는 게 문제라는 얘기다. 혼자 있는 시간을 즐길 줄 아는 사람들은 겉으로만 혼자로 보일 뿐이다. 그들의 머릿속은 사람과 생각이 살고 있는 세상이며, 수많은 대화가 오가는 비밀스러운 공간이다.

고독을 즐기자. 고독은 하늘이 준 선물이다. 고독을 힘든 시련이 아닌 특별한 혜택이라고 여기자. 고독은 중요한 문제를 생각하거나 일에 집중하면서 스스로를 발전시키는 데 꼭 필요한 조건이다. 혼자 있는 시간은 아직 발견하지 못한 인생의 새로운 영역에서 꽃피우게 될 씨앗을 심기 위해 주어지는 것이다.

어쩔 수 없이 혼자 있는 게 아니라, 혼자 있는 것을 즐기자. 우리는 누구나 살면서 몇 년은 혼자서 보낸다. 혼자 지내는 시간에 대비할수록 잘 지낼 수 있다. 혼자 지내는 것은 배우고 익혀야 하는 하나의 기술이다. 알고 보면 혼자서 조용히 할 수 있는 일은 정말로 많다. 혼자서도 행복하게 지내는 법을 배우자. 책을 읽고, 공상에 빠지고, 창조하고, 자기 자신을 돌보자. 요리하고, 정원을 가꾸고, 텃밭을 일구고, 집과 몸과 생각을 더 아름답게 다듬자. 가끔은 조용하고 아담한 호텔에서 밤을 보내고, 햇볕이 잘 드는 카페에서 소설을 읽고, 물가로 소풍을 가자. 혼자서 시간을 보내 보면 다른 사람들도 소중히 여기게 된다. 고독은 삶을 더 풍요롭게 한다.

타인에게 해줄 수 있는 일

우리가 다른 사람들에게 해줄 수 있는 유일한 일은 사는 모습을 통해 그들이 바람직한 삶, 즉 단순하고 자연스러운 것을 중시하고 개인적인 욕심의 크기는 줄이는 삶을 지향하도록 이끌어 주는 것이다. 아무도 부와 재산을 축적하려 하지 않는 사회에는 도둑도 없다. 우리 내면의 삶이 풍요로울수록 자신감이 커지고 남에게 줄 것도 많아진다.

소유하는 것이 행복이라고 믿는 사회는 가난하다. 광고에 휘둘리는 사회는 가난하다. 경쟁의 악순환이 계속되도록 내버려 두는 사회는 가난하다. 단순하게 사는 자유를 누리지 못하는 사회는 가난하다. 모든 것에 가격표를 붙이고 심지어 고결한 행동까지 값으로 따지는 사회는 가난하다. 요컨대 돈이 없는 것만 가난이 아니다. 인간적 가치, 정신적 가치, 지적 가치가 부족한 것 역시 가난이다. 가난한 이들을 도와야 한다고? 가난한 것은 바로 우리 사회다. 물질을 나눠 주고 자신의 부를 과시하면서 시기심을 유발하거나 씁쓸한 마음이 들게 하는 것은 남을 돕는 것이 아니다. 남을 도우려면 자기 자신이 먼저 올바르게 살아야 하고, 모든 인간을 편견 없이 존중해야 한다.

물론 세상의 불행은 아마 결코 끝나지 않을 것이다. 이 세상의 모든 집을 거대한 자선 시설로 바꾼다 하더라도 모두가 행복할 수는 없을 것이다. 하지만 부유한 국가들이 지구의 자원이 무궁무진하지는 않다는 사실과 그 자원이 남용되고 있다는 사실을 정말로 자각한다면, 그래서 낭비와 소비를 줄이기 위해 훨씬 더 많은 노력을 기울인다면 세상은 분명히 달라질 것이다. 여전히 지구 한편에서 굶어 죽어가는 사람들이 있는 이 시대에 적게 소유하고 적게 낭비하고 적게 버리고 적게 먹는다면 스스로의 양심에도 더 당당할 수 있을 것이다. 단순하고 자연스러운 것이 중요하다는 것과 욕심을 줄일 때 더 큰 행복이 찾아온다는 것을 남들에게 알려 주려면 어떤 상황에서든 행복하게 사는 방식을 본보기로 보여 주어야 한다.

변화하기

행복 상상

일이 잘 안 풀리는 시기에 뜻밖의 좋은 소식을 듣거나 구원의 손길과도 같은 전화 한 통을 받거나 생각지도 못했던 돈이 들어오는 경험을 해본 사람이 있을 것이다. 우리는 그런 일이 생기면 우연의 일치라고 생각한다. 하지만 어쩌면 단순한 우연이 아닐지도 모른다. 스스로 간절히 바랐기 때문에 일어난 일일 수 있다는 얘기다.

어떤 개념을 명확하게 만드는 확실한 방법은 그것을 머릿속으로 그리는 것이다. 어떤 이미지를 머릿속에서 수 초 정도 유지하면 그 이미지는 가상현실이 된다. 한 달 후, 혹은 일 년 후 당신의 모습을 상상해 보자. 누구와 함께 있고 싶은지, 어떤 모습이 되고 싶은지, 어떻게 살고 싶은지, 어떻게 죽고 싶은지, 사람들에게 어떤 모습으로 남고 싶은지 상상해 보자. 당신이 되고 싶은 사람의 모습을 그려 보고 그런 사람이 되었을 때 어떤 느낌일지 상상해 보자.

우리는 저마다 활력과 에너지, 매력이 충만한 존재를 자기 안에 갖고 있다. 아흔 살에 어떤 사람이 되고 싶은가? 그런 사람이 되기 위해 지금 무엇을 할 수 있을까? 더 건강하고 현명하고 쾌활한 사람이 되려면 삶에 어떤 변화가 필요할까? 이러한 생각들을 머릿속으로 그려 보자. 그리고 그렇게도 원하던 것을 얻었을 때, 그 행복감을 상상해 보자. 두려움, 걱정, 부정적인 생각은 모두 밀어내자. 그러면 새로운 생각이 떠오를 것이다. 평화롭고 편안한 모습의 당신이 '깨어나게' 될 것이다.

변화 법칙 1: 성공은 마음가짐에서부터

우리는 우리 자신이 상상할 수 있는 것보다 훨씬 더 풍부한 능력을 지니고 있다. 자기 자신을 믿자. 그러면 모든 것(거의 모든 것)이 가능하다는 것을 알게 될 것이다. 열망과 꿈을 좇아 살면 원하는 것을 얻을 수 있다.

성공은 마음가짐에서부터 시작된 뒤에 현실로 옮겨진다.

그 반대의 경우는 절대 없다. 행운을 원한다면 머릿속에서 행운을 먼저 만들어야 한다. 생각은 놀라운 힘을 지니고 있다. 생각이라는 힘은 우리 모두에게 주어진 특권이다. 그러므로 이 특권을 이용해야 한다. 얼마나 이용할 수 있는지는 우리가 하기 나름이다. 마음을 충분히 열고 모든 것에 주의를 기울이면서 우리 잠재의식에 자리하고 있는 모든 능력을 이용하자.

새로운 계획 앞에서 그것이 성공할 것인지 의심하지 말자. 자신을 의심하면 안 된다. 의심으로 에너지를 낭비하면 목표를 이루는 데 방해만 될 뿐이다. 현실은 우리가 만들어내는 것이다. 두려움은 우리를 낡은 습관에 얽매이게 만들고 융통성을 방해한다. 한 가지 방법밖에 없다고 생각하면 위축된다. 방법은 언제나 또 있다.

스스로 창조적인 사람이 아니라고 생각하면 창조적인 사람이 되지 못한다. 창조적인 사람이 되는 것을 방해하는 것은 바로 자신이다. 우리는 모두 열정과 재능, 지성, 지혜, 창조력, 통찰력을 지닌 사람임을 절대 잊지 말자. 꿈꾸는 일을 이루려고 하지 않는다면 두려워하는 일이 일어날 것이다.

중요한 것은 우리에게 어떤 일이 일어나느냐가 아니라 우리가 그 일에 어떻게 반응하느냐 하는 것이다. 성공할 거라는 생각이 성공을 낳는다. 가능성을 믿어야 한다. 머릿속에 잘못된 생각을 없애고 바람직한 생각이 들어서게 하자. 좋은 일이 생길 거라고 생각하자. 좋은 일만 생길 거라고 믿자. 사고방식을 바꾸면 운명을 바꿀 수 있다. 원하는 결과를 가져다주는 것은 믿음의 대상이 아니라 믿음의 진정성이다.

변화 법칙 2: 스스로 빛나기

다른 누군가의 빛을 빌리지 말고 자기 자신의 빛으로 살아가자. 존경받는 사람들을 보면 스스로 자신의 가장 좋은 친구가 되어 자신의 잘못을 지적하고 바로잡는 삶을 살았음을 알 수 있다. 자신의 가장 좋은 친구가 되자. 우리에게 필요한 사람은 바로 우리 자신이다. 가족, 친구, 고객을 대할 때처럼 자기 자신을 대하자.

인간은 소유한 것을 언젠가는 모두 버리고 떠날 수밖에 없는 운명이다. 그때 무엇이 남겠는가? 자신뿐이다. 그렇기 때문에 스스로 자신을 채워야 한다. 하지만 우리는 스스로에게 끊임없이 거짓말을 한다. 인생을 믿지 못하고, 자신의 능력도 믿지 못한다. 그런 식으로 앞으로 나아가지 않으면, 마음에 나태함이 자리 잡게 내버려 두면, 인생에 대한 주도

권을 다른 이들에게 맡겨 놓으면 후퇴할 수밖에 없다.

자기 자신을 사랑해야 행복해진다. 자기 자신을 인정하고 받아들여야 남들의 평가로부터 자유로워진다. 자신의 꿈을 존중하고 자신의 바람을 따라가자.

변화 법칙 3 : 시선은 무시하고 약속은 지키고

매일 단 5분만이라도 꿈에 가까워지기 위한 일을 해야 한다. 하루에 자신이 좋아하는 일 한 가지와 의무적으로 해야 하는 일 한 가지는 하겠다고 스스로 약속하자. 긴 시간에 걸친 약속은 지키기 어렵지만 '하루' 약속은 지키기 쉽다. '한 시간짜리' 약속을 해도 좋다. 어떤 방식이든 변화를 위해 세운 계획에 집중하자. 그러면 그 계획이 우리도 모르는 사이 차츰 완성되어 갈 것이다.

예전의 나에서 벗어나고 싶다면 다른 사람들이 나를 어떻게 생각하는지에 대해서는 신경 쓰지 말자. 이런 식의 행동은 유치하게 보일지 몰라도 그만큼 얻는 게 있다. 자기 자신을 위한 것만 할 수 있는 시간을 스스로에게 선물하자.

변화 법칙 4 : 나에게 달린 일은 스스로

자신의 힘으로 어쩔 수 없는 무언가를 원하면 불행해진다. 반면, 자신에게 달린 일은 스스로 해낼 수 있다. 살면서 문제가 생길 때마다 그 문제를 해결할 힘을 가지고 있는지 자문해 보자. 그리고 할 수 있거나 얻을 수 있는 것에만 전념하자. 남에게 의존하는 사람은 걸인과 다름없다. 어쩔 수 없는 일들에는 중요성을 부여하지 않겠다고 다짐하자.

우리는 원하는 대로 생각하고 선택하고 판단하고 행동할 수 있다. 하지만 우리 운명과 건강, 재산, 사회적 지위는 원하는 것과는 다른 방향으로 갈 수도 있다. 그럴 때는 스스로 할 수 있는 것과 그렇지 않은 것을 구분해야 한다.

아직 변할 수 있다는 것

우리가 사는 동안 변하지 않고 그대로인 것은 하나도 없다. 변할 수 있다는 것은 아직 굳어지지 않았다는 것, 아직 젊다는 것을 증명한다. 변화하는 것을 멈추면 우리는 죽는다.

정신적 발전은 변화를 전제로 하며, 변화한다는 것은 다른 하나를 위해 어느 하나를 포기한다는 것을 뜻한다. 우리가 가진 습관, 관점, 욕구 가운데 일부는 포기하자. 자신의 운명을 한탄하지 말고 바꾸어 나가자.

바람직한 변화를 위한 비결은 자신의 마음속에 언제나 변치 않을 자아가 있음을 확신하는 것이다. 자신의 자아는 세상에 하나밖에 없는 가치 있는 존재다. 그 자아가 중심을 지키면 큰 어려움 없이 변할 수 있다.

나치 강제수용소에서 살아남은 오스트리아의 정신의학자 빅토르 프랑클은 수용소 생활 당시 '의미치료logotherapy'라는 하나의 철학 체계를 만들어 냈다. 그는 정신적이거나 심리적인 것이라고 일컬어지는 질병 가운데 많은 것이 사실은 삶의 의미를 찾지 못하는 실존적 공허 상태에서 비롯된 증상이라고 말한다. 그러므로 우리는 삶의 의미를 발견해야 한다. 예술에서든, 농사일에서든, 가족의 역할에서든, 내가 살고 있는 일상의 의미를 소중히 하자.

그리고 더 나은 모습으로 변화하는 것 또한 우리 삶에 중요한 의미를 부여하는 일임을 기억하자.

저마다 품고 있는 다이아몬드

우리는 모두 원석 상태의 다이아몬드와 비슷하다. 우리가 우리 자신을 더 갈고 다듬을수록 우리는 더 빛나고 매력적인 사람이 된다. 언제나 완벽을 향해 가면서 노력하자.

좋은 음식을 소식하고, 일찍 자고, 운동하고, 배움을 멈추지 말고, 좋은 사람들을 만나고, 새로운 생각을 떠올리고, 매일매일 자신이 찾아낼 수 있는 최대한의 즐거움을 찾아내자. 검소하게 차려입고, 자신에게 걸맞은 정직한 친구들을 사귀고, 정신을 풍요롭게 만드는 책을 읽고, 좋은 환경을 만들고, 상식을 실천하자.

인생은 스스로 결정하자. 여행 계획과 일과를 스스로 짜고, 입을 옷을 직접 고르자. 우리의 능력과 상상력, 의식을 활용하자. 과거보다는 앞으로 올 미래에 전념하자. 자신을 위한 창조자가 되자. 우리는 우리가 원하는 모습으로 변화할 수 있다. 삶의 행복은 우리가 현실을 어떻게 해석하고 걸러 내느냐에 달려 있다. 우리가 원하는 멋진 세상은 우리가 만들어 낼 수 있다. 만약 그렇게 하지 못한다면 그것은 자신이 지닌 상상력을 충분히 활용하지 못하고 있기 때문이다.

읽기와 쓰기

읽을 수 있는 만큼의 책

대부분의 책은 한 사람의 개인적인 관찰에 근거한다. 책 덕분에 우리는 누군가가 오랜 관찰과 연구, 고통, 노력으로 일궈 낸 결과물을 한나절 만에 얻을 수 있다. 우리가 읽는 모든 것은 우리 의식에 영향을 준다.

책을 읽을 때는 음악을 틀지 말고, 커피나 과자 같은 것도 옆에 두지 말자. 조용히 책에만 집중하자. 그리고 일정 분량을 읽고 나면 책을 잠시 덮고 읽은 내용에 대해 생각하자. 생각을 잘 소화해 자기 것으로 만드는 게 중요하다. 생각이 일단 소화되면 말은 더 이상 필요 없다.

책의 내용에 대해 긍정하거나 부정하는 식으로 선을 그으면서 읽을 필요는 없다. 현명한 사람은 책에서 모순을 찾아

내는 대신 사실 자체를 이해한다. 그리고 책을 읽을 때 내용을 이해하는 것보다 더 중요한 것은 우리 정신이 깨어 있는 것이다.

자신이 소유한 물건에서 벗어나지 못하는 사람이 있는 것처럼, 자신이 읽은 것에서 벗어나지 못하는 사람도 있다. 책을 지나치게 많이 읽는 행동도 에너지를 소진시킨다. 읽을 수 있는 이상의 책을 소유하지 말자. 중요한 것은 작가나 책의 권수, 책의 두께가 아니라 책의 내용이다.

책만 많이 읽기보다는 읽기와 쓰기를 병행하자. 읽고 있는 책에 관해 메모하면서 생각과 의견을 정확하고 명료하게 표현해 보는 것이다. 이런 식으로 이해하면서 읽고 쓰는 것은 자기 것이 된다. 그리고 그렇게 자기 것이 된 내용은 우리가 살면서 겪는 일들을 더욱 풍성하게 느끼고 이해하도록 도와준다. 개인적으로 감동을 주는 문구는 따로 적어 놓자. 그 메모들이 모이면 당신만을 위한 훌륭한 지침서가 될 것이다.

따라서 읽고 쓰는 행위는 자기 자신을 돌보는 행위라 할 수 있다. 읽기와 쓰기, 생각하기 사이에서 균형을 찾는 것이 이상적이다. 이 꽃에서 저 꽃으로 날아다니며 꿀을 모으는 꿀벌처럼, 이런저런 책을 읽으면서 필요한 것을 '수확'하자.

다양한 새로운 지식을 모아서 자기 자신을 보다 견고하고
완전하게 만드는 데 정성을 기울이자.

인격을 다듬는 글쓰기

무엇을 해야 할지 모를 때는 종이를 한 장 펴놓고 머릿속에
떠오르는 것을 전부 적어 보자. 생각은 그냥 두면 무질서하
게 흩어지고 사라진다. 하지만 글은 그 생각에 의미를 부여
한다. 원하는 것을 글로 적어 보자. 글을 쓰는 행동에는 마법
같은 힘이 있다. 글을 쓰면 원하는 것을 정확히 아는 데도 도
움이 된다.

　머릿속의 어지러운 생각에서 자유로워지려면 우선 그 생
각을 명확히 표현해야 한다. 그래야 나중에 그 생각을 없앨
수 있다. 그런데 어지러운 어떤 생각이 일단 정리되고 나면
그 생각 때문에 쓴 글은 모두 없애야 한다. 글은 좋은 일에
대해서 쓴 것만 남겨 두자. 그리고 힘든 시기가 찾아왔을 때
그 글들을 꺼내서 보자. 그 글들은 당신이 풍요롭고 충만하
고 즐거운 시간을 보냈음을 일깨우며 에너지를 줄 것이다.

　글을 쓰는 것은 자기 자신과 관계를 맺는 일이기도 하다.
글을 통해 자신과 만나는 행위에는 지성과 직관, 상상이 동

시에 개입한다. 자신이 어떤 사람인지 정확히 모른다면 어떻게 삶의 방향을 정할 수 있겠는가? 글을 쓴다면 자기 자신을 알고 이해하는 데 훨씬 도움이 될 것이다.

화가 날 때도 글을 쓰자. 글을 쓰는 것은 문제를 한발 물러서서 볼 수 있는 좋은 방법이다. 그 문제를 더 이상 자신의 것이 아닌 것처럼 생각할 수 있다. 그리고 글을 쓰는 것은 마음을 가라앉히는 데도 효과적이다. 마음을 글로 다 비워 내고 나면 편안하고 평화로워질 것이다. 자신을 위한 노트를 마련하자. 그리고 거기에 쓰고 싶은 것을 쓰면서 마음을 들여다보자.

기억의 힘

머릿속에 있는 것을 떠올려 보자. 기억의 서랍을 하나하나 열어 보고, 외운 것을 읊조려 보고, 책에서 읽은 좋은 글을 되새기는 것, 이것이 기억력을 기르는 좋은 방법이다. 혼잣말을 하듯이 좋은 글귀를 외워 보자. 경험과 지혜를 자기 것으로 만드는 데는 기억에 새기는 것보다 좋은 방법은 없다. 예를 들어 좋은 운동선수는 훈련 내용을 문장으로 만들어 반복적으로 말하면서 머릿속에 새긴다. 매일 반복하다 보면

나중에는 머리로 떠올리지 않아도 몸이 알아서 하는 날이
올 것이다.

배움, 유연한 삶의 원칙

배운다는 것은 머리를 적극적으로 사용해서 몸을 적극적으
로 변하게 만드는 것이다. 몸은 우리가 태어날 때부터 학습
한 모든 것의 물리적 결과에 해당한다. 새로운 지식, 새로운
배움, 새로운 능력은 몸과 마음을 성장시킨다. 돈을 물질적
인 것에 쓰기보다는 새로운 것을 배우는 데 투자하자. 그 누
구도 당신한테서 빼앗을 수 없는 것이 하나 있다면 그것은
바로 머릿속 지식이다. 배움에 대한 투자는 가치가 떨어지
는 법이 없다. 다만 주의할 점은 지식을 소유물로 여기면 안
된다는 것이다. 참된 지식을 갖춘 사람은 자신이 아는 것을
떠들고 다니면서 과시하지 않는다. 지식은 마음으로 소화하
는 것이기 때문이다.

　배운 것을 익히는 제일 좋은 방법은 가르치는 것이다. 남
에게 가르치려면 지식을 완전히 자기 것으로 만들어야 하고,
그 지식을 표현하는 방법도 익혀야 한다. '능력 지수'를 높여
야 하고, 창조적이고 명확하게 생각할 줄도 알아야 한다.

배움의 궁극적 목적은 좀 더 풍요롭고 유연한 삶을 사는 것이다. 자기만의 틀에 갇히지 말고 배움을 통해 경직된 의식의 긴장을 풀자. 당신의 인격을 높이고 풍요롭게 살기 위해서는 이해가 되지 않는 것도 받아들여야 한다. 새로운 지식이 자신의 고집이나 선입견에 부딪혀 자리를 잃는 것은 안타까운 일이다.

명상

고요함의 가치

고요함은 모든 것에 주의를 기울이게 하고, 우리 머릿속에 끊임없이 떠오르는 '정신적인 찌꺼기'의 흐름을 관찰하게 한다. 고요함은 마음을 열고 여유와 인내심을 키우는 데 필요하다. 아무 도움도 안 되면서 시간을 빼앗고 고요함을 방해하는 텔레비전 프로그램과 잡지 기사는 피하자. 그런 눈요기는 우리를 수동적인 상태로 빠뜨려 어리석게 만들 뿐이다. 고요함은 그 빈 공간 안에서 우리가 성장하게 도와준다. 고요함은 열린 공간이다. 그 고요함이 우리를 이끌게 하자.

명상이 필요한 시간

명상을 하면 우리 몸은 잠을 잘 때보다 더 깊은 휴식 상태에 빠진다. 의식은 깨어 있는 가운데 산소 소비량이 줄고 심장박동은 느려진다. 수면을 통해 이처럼 깊은 휴식 상태에 도달하려면 6시간이 걸리지만 명상으로는 10분이면 된다. 깊은 명상을 하는 동안에는 모든 불안과 타인에 대한 종속, 집착이 완전히 사라진다. 그 결과 극도의 해방감이 찾아온다. 행복에 이르는 가장 쉽고 빠른 길인 셈이다. 이런저런 일들을 당신과는 상관없는 일인 것처럼 그저 흘러가게 내버려두자. 얼마간의 시간이 지나면 완전히 초연해진 자신을 느끼게 될 것이다.

누군가는 명상에 대해 이렇게 말했다. "시간이 없어서 못하는 법은 없다." 이처럼 명상은 언제 어디서든 할 수 있다. 버스를 기다리며 줄을 서 있는 동안에도 할 수 있고, 설거지를 하는 동안에도 할 수 있다. 중요한 것은 마음속으로 집중하는 상태를 얼마간 계속 유지하는 것이다. 그러면 다른 어디에서도 찾을 수 없는 힘이 생긴다. 스스로 집중하는 명상은 우리 의식과 주의력을 길러 주고 일상생활에도 도움이 된다.

아무 생각이 없는 '무념' 상태를 만드는 것을 목표로 우선 시작하자. 처음에는 생각이 자꾸 떠오를 것이다. 그러면 그 생각들을 가만히 밀어내자. 무념 상태가 오래 지속되지 않는다 하더라도 생각을 지우고 또 지우자. 그렇게 하다 보면 무념 상태가 가능하다는 것을 알게 될 것이다. 그것이 첫걸음이다. 머릿속에서 생각을 비워 내는 연습을 열심히 하면 생각이 다시 떠올라도 오래 머물지 않고 금방 사라진다. 명상이나 자신의 머릿속을 제어하는 일은 근육을 단련하는 것과 마찬가지로 인내와 끈기가 있어야 결과를 얻을 수 있다.

명상 법칙 1 : 생각을 비우고 자유롭게

열정을 추구하는 듯 보이지만 사실은 그 열정에 수동적으로 끌려다니는 것에 지나지 않는 사람이 많다. 이들은 스스로를 몰아쳐 그런 식으로 자기 자신을 잊으려고 애쓴다. 자기 자신에 대해 깊이 생각할 줄 아는 사람이 더 자유롭다. 자기의 내면에 깊이 집중할 수 있는 명상은 자유롭고 독립적이기를 원하는 인간에게 주어진 가장 고상한 형태의 활동이다.

명상의 목표는 무념에 대한 생각 자체가 사라졌을 때 달성된다. 명상을 하면 물리적 감각도 사라지는데, 이는 물리적 감각을 느끼는 데 필요한 에너지가 의식을 보다 명료하게 만드는 데 사용되었기 때문이다. 우리는 명상을 통해 자기 자신에게 집중할 줄 알아야 하며, 책을 읽거나 공부를 하거나 일을 하면서도 자기 자신에게 집중해야 한다. 꽃병에 꽃을 꽂는 행동조차도 집중을 위한 수련이 될 수 있다. 그렇게 매번 집중하면 하루가 달라질 것이다.

우리가 앞에 있는 아름다움과 지혜로움을 알아보지 못하는 것은 감각이 부족한 탓이다. 그러한 직관적 식별력은 휴식과 초연함, 관조를 통해 얻어진다. 마음을 먹고 노력하면 시간과 공간, 일상생활, 욕구, 고정관념, 그리고 자기 자신으로부터 자유로워질 수 있다.

명상 법칙 2 : 아침을 고요하게

아침에 명상을 하자. 아침은 공기가 아직 맑고 모든 인공적인 소음으로부터도 자유로운 시간이다. 이때 당신이 느끼는 감정과 기분을 관찰하자. 그러면 후회나 초조함, 불안, 그리고 온갖 어수선한 생각에 더 이상 구속되지 않는다. 현재를 잊고, 그 상태를 즐길 수 있게 된다. 아무 생각도 하지 않게 되면 목표에 도달한 것이다. 그러면 모든 일이 단순해진다. 마치 죽기라도 한 것처럼 모든 책임과 의무가 사라진다. 생각이 떠오르면 내버려 두되 거기에 아무런 중요성도 부여하지 말자. 밤에 잠을 자도 꿈에 시달린다면 완전한 휴식이 아닌 것처럼, 중요하다고 생각했던 무언가를 '아무것도 아닌' 것으로 생각하는 단계에 이르면 아주 큰 휴식을 맛볼 수 있다.

명상 법칙 3 : 공간을 안락하게

집 안에 명상하기에 좋은 공간을 마련하자. 작은 모퉁이만 할애하면 된다. 그곳에 안락하고 커다란 방석을 놓고 가능하다면 주변에 초, 꽃, 향도 놓아 두자. 방석의 부드러운 촉감과 향기와 침묵이 당신을 감싸는 것을 느끼자. 두세 번 심호흡을 하면서 부정적인 생각을 내보낸 뒤 20분간 명상에 들어가자. 보통 명상을 할 때는 올바른 가부좌 자세가 좋지만 몸이 유연하지 않은 사람은 가부좌 자세가 불편할 수 있다. 그러므로 그 자세를 억지로 할 필요는 없다. 몸이 불편하면 몸에 대한 생각을 떨칠 수 없기 때문이다. 하지만 제대로 된 명상을 위해 될 수 있으면 가부좌에 가까운 바른 자세로 해야 한다. 자세가 바르지 못하면 진정한 무념 상태에 도달할 수 없다.

명상에 들어갈 때는 주위 물건을 다 치우고, 주변의 소음이나 사람들도 방해하지 않게 하자. 머릿속을 비우고 한 가지 주제에 관해서 혹은 자신과 그 주제와의 관계에만 집중하자. 이러한 명상은 복잡한 생각과 욕망, 공상을 다스린다.

명상 법칙 4 : 하루를 보람차게

아침에는 그날 하루의 일정을 정하자. 하겠다고 마음먹은 목표를 떠올리자. 스스로를 좀 더 완벽하게 만들겠다고 생각하자. 이 새로운 하루는 인생을 한 단계 올리기 위한 새로운 계단이다. 이런 종류의 자기 성찰은 인생을 한층 더 아름답게 한다. 하지만 자기도취에는 빠지지 않도록 주의하자.

참을성을 기르자. 활기찬 하루를 보내려면 몸이 뒷받침되어야 한다. 육체적인 어려움을 이겨 내는 용기를 키우고, 고통을 불평 없이 참아 내고, 추위, 졸음, 배고픔을 견디도록 노력하자. 그리고 건강에 필요한 것을 몸에 제공하자. 갑자기 인생의 시련이 닥쳤을 때 이겨 낼 수 있도록 평소에도 가끔은 힘든 일을 하자. 절제력과 인내심을 키우고 유혹을 이겨 내자. 성급하게 서두르지 말고 여유를 갖는 법을 배우자.

저녁에는 그날 당신이 했던 모든 것을 돌아보면서 머릿속

194

을 청소하자. 고민거리를 되씹는 것을 피해야 평온하게 잠들 수 있다. 완료된 일에 대해서는 결산을 해보자. 그 일이 어떻게 되었는지, 어떻게 되었어야 옳았는지, 왜 달리 되지 않았는지, 그 일에서 어떤 결론을 끌어낼 수 있는지 생각해보자. 그리고 몸과 마음을 정화하자. 향수나 꽃의 향기를 맡거나 조용한 음악을 듣거나 목욕을 하며 휴식을 취한 후 단잠에 들자.

그저 존재하는 시간

요즘 사람들은 자신의 머릿속에 산만하게 떠오르는 수많은 생각에 대해 아무런 의식도 하지 않는다. 그 생각들이 자신의 인생을 복잡하게 만들고 있는데도 말이다. 때로는 아무것도 하지 않을 줄도 알아야 한다.

명상은 우리에게 새로운 기운을 불어넣고 무엇이 중요한지를 재확인하게 하는 마음의 양식이다. 명상할 때는 일정한 자세를 유지하면서 몸을 움직이지 않는 게 좋다. 호흡은 최대한 천천히 해야 한다. 머릿속도 잠잠하게 가라앉혀야 한다. 깊은 생각으로 빠질 수 있는 생각은 모두 금해야 한다.

일본의 유명한 선승 데시마루 타이센은 이렇게 말했다.

"생각은 하늘의 구름처럼 흘러가게 내버려 두어야 한다. 삶에 대해 생각하는 게 아니라 삶으로 존재해야 한다." 마음의 평화를 얻으려면 생각과 말을 아끼고 심장박동과 호흡 같은 생명이 내는 모든 소리에 집중해야 한다. 라틴어 'Meditari'가 어원인 '명상하다'라는 동사 'Meditate'는 스스로를 내면으로 향하게 내버려 둔다는 뜻이 있다. 가끔은 정신이 내면을 향하면서 조용히 쉴 수 있도록 그저 '존재하는' 시간을 갖자.

에너지

우리 몸을 흐르는 에너지

전화기 같은 물건에서부터 우리 인간을 지나 바다 같은 자연에 이르기까지, 지구상의 모든 것은 에너지로 이루어져 있다. 침술이나 동종 요법, 바이오피드백 요법(훈련을 통해 자율신경계 반응을 의지대로 조절하여 스트레스를 관리하고 스트레스성 장애를 치료하는 방법—옮긴이), 마사지 요법 같은 대체의학에서는 인체를 하나의 에너지 장으로 이해하면서 접근한다.

우리는 거대한 에너지 덩어리와도 같다. 그래서 인간의 본질인 에너지의 흐름을 자연스럽게 회복시키는 것이 중요하다. 우리는 자신을 아프게도 하고 건강하게도 한다. 달리 말해서, 자신의 에너지를 긴장시키기도 하고 이완시키기도 한다. 일상의 고통과 분노, 불만에 에너지를 빼앗겼을 때는 우리의 생각과 감정의 회복을 위해 자신을 치유해야 한다. 에너지의 흐름을 회복하기 위해서는 현재의 순간을 잘 살아야 하고 마음에 믿음, 자유, 기쁨이 자리하게 하는 것이 중요하다.

에너지를 아끼려면

에너지가 우리 안에서 흐르는 물처럼 순환하고 있다고 상상해 보자. 무언가가 당신을 거추장스럽게 만들고 에너지의 순환을 방해한다면 이는 그것이 당신에게 불필요하다는 뜻이다. 그것이 당신의 물질적·심리적 세계를 침범하고 있다는 뜻이다.

그러므로 불필요한 가치에 연연해하지 말자. 불필요한 물건과 사건에 너무 많은 중요성을 부여하지 말자. 인생의 모순에 매달리면 힘을 낭비하고 고통을 유발할 뿐이다. 거추장스러운 것을 없앤다는 것은 결핍, 부정, 빈곤의 동의어가 아니다. 거추장스러운 것을 없애면 오히려 넓어지고 밝아지고 가벼워진다는 것을 뜻한다. 거추장스러운 것을 없앤다는 것은 단지 공간을 확보하거나 시간을 버는 것만을 의미하는 게 아니라, 기운을 빼앗고 일상을 방해하는 감정적·신체적·

정신적 정체 상태를 줄인다는 것을 의미하기도 한다. 거추장스러운 것이 많으면 본질에서 멀어질 위험이 있으며, 너무 산만해져서 그 사실을 알아차리지도 못한다.

우리는 누구나 에너지를 가지고 있다. 그런데 왜 모두가 그것을 느끼지는 못하는 것일까? 그 이유는 자신이 지닌 에너지를 워낙 일상적으로 사용하기 때문에 알아차리지 못하는 것이다. 기계가 전기로 작동되는 것과 마찬가지로 사람 역시 일종의 에너지, 즉 기氣 덕분에 살아간다. 기는 인간을 움직이고 생각하고 살아가게 한다. 물건, 사람, 옷, 음식을 포함한 모든 것이 우리가 지닌 에너지에 영향을 미친다. 전기가 눈에는 보이지 않아도 물리적인 세계에 실제로 존재하는 것처럼 기는 정신적인 세계에 실제로 존재한다. 우리는 각자 자신의 존재를 이루고 있는 에너지에 따라 살아간다. 사람은 다양한 활동을 통해 다양한 에너지를 발산하며, 이때 에너지의 질은 사람마다 차이가 있다. 그리고 그 에너지를 순환시키는 것은 바로 정신이다. 우리에게 주어진 에너지를 얼마나 활용할 수 있느냐 하는 것은 정신을 얼마나 집중하느냐에 달린 문제다. 우리가 지닌 에너지는 우리가 어떻게 생각하느냐에 따라 절약되기도 하고 낭비되기도 한다.

에너지 법칙 1 : 에너지를 키우는 것

우리에게 만족감과 개인적인 성장, 자유를 가져다주는 것을 가까이하자. 우리는 어떤 활동, 어떤 물건, 어떤 생각이 자신에게 도움이 되는지 본능적으로 안다. 자신이 어떤 것을 원하고 왜 원하는지 명확하게 알면 내면의 목소리가 어떤 길로 가야 할지를 알려 준다. 우리가 원하는 것에 대해 생각하고 꿈꾸는 것이 좋다는 이유가 바로 그 때문이다. 우리의 내면에 잘 부합하는 주제는 우리를 매혹시키고, 영감을 주고, 우리의 감각을 되살린다. 그렇게 해서 우리가 기쁨, 열정이라고 부르는 에너지를 가져다준다.

에너지 법칙 2 : 정신과 몸은 하나

쇠진한 정신과 건강하지 못한 몸은 함께 나타난다. 폭식을 하거나, 몸이 긴장해서 딱딱하거나, 단순하게 살지 않거나, 타인과 자연을 존중하지 않으면 건강해질 수 없다. 불안을 다스리지 못하면 행복하게 살 수 없다. 신념이 아닌 생각들은 헛된 것이다. 인도 전통의학 아유르베다에서 주장하는 바에 따르면 정신은 몸에 큰 영향을 미치며, 질병의 유무는 정신이 얼마나 깨어 있고 균형을 얻기 위해 얼마나 노력하느냐에 달려 있다.

정신만이 현실을 파악할 수 있다. 정신의 힘은 무한하다. 우리가 지닌 힘이 한곳에 집중되면 정신은 물질을 다스리고 초월한다. 따라서 몸을 완벽한 상태로 유지해야 한다. 우리가 더 많은 에너지를 얻고자 할 때 정신을 보좌하는 것이 바로 몸이기 때문이다.

에너지 법칙 3: 일상에 필요한 기운

우리 몸을 정화하고 몸에 꼭 필요한 것만 남기려면 체내 불순물을 제거해야 한다. 깨끗하지 못한 혈액은 많은 질병의 원인이다. 음식 역시 몸에 영향을 미친다. '죽은' 음식은 죽음을 부른다. 또 지나치게 많은 양의 음식은 에너지를 차단시킨다. 움직이고, 걷고, 마사지를 하고, 명상을 하고, 호흡을 하자.

불면증을 내버려 두지 말자. 수면제는 임시방편에 지나지 않는다. 잠이 오지 않는 원인을 찾아야 한다. 잠을 못 자거나 숙면을 못 취하면 잘 살 수가 없다. 불면증은 기의 차단으로 인한 경우가 많다. 기가 인체를 자유롭게 순환하지 못하고 어딘가에 갇혀 응어리져 있다는 얘기다. 몸의 일정 부위, 특히 뇌에 에너지가 너무 몰리면 뇌가 지나치게 활성화되어 휴식을 취할 수 없게 된다. 그럴 때 가벼운 운동을 하면 몸 전체에 기를 순환시킬 수 있다.

물 역시 기와 관련해서 아주 중요하다. 예를 들어 폭풍우가 몰아치기 직전에 수분을 머금은 공기에는 양이온이 많이 들어 있어서 피로와 긴장을 부른다. 그런데 폭풍우가 일단 몰아치면 음이온 덕분에 곧 개운한 기분이 든다. 따라서 흐르는 물가에 많은 음이온은 우리 몸의 기를 회복하는 데 아주 좋다. 물은 생명 에너지를 전달하는 신성한 물질이다.

능동적인 열정 에너지

에너지를 자신이 실제로 원하는 것에 할애하려면 부정적인 생각은 잊어야 한다. 노자는 우리 몸은 에너지에 의해 서로 결속된 미세한 입자들로 이루어져 있음을 알고 있었다. 그는 또한 정신이 몸에 영향을 미치면서 몸을 살아 있게 만든다고 생각했다. 그래서 정신의 기를 돋우고 에너지를 키울 것을 권했다. 노자가 말했듯이, 슬픈 것은 설령 그것이 아름다운 것이라 하더라도 관심을 두지 말자.

열정은 우리를 행동하게 만드는 감정이다. 가능한 한 키워야 하는 매우 강력한 에너지에 해당한다. 그런데 몸이 아프면 어떻게 열정이 생기겠는가? 건강한 사람은 열정이 넘치고 인생과 인생의 즐거움을 사랑할 줄 안다. 인생을 즐겁게 살기 위한 비결 가운데 하나는 살면서 좋았던 순간, 우리를 또 다른 차원으로 데려갔던 순간들을 최대한 선명하게 떠올리는 것이다. 특별한 이유도 없이 울적한 기분에 빠져 있을 때 반가운 친구한테서 전화를 받은 적이 있는가? 그렇게 좋은 사람과 이야기를 나누다 보면 울적한 기분이 단번에 사라진다. 그러므로 주변에 두는 물건과 사람과 정신적인 것들은 정성스럽게 골라야 한다. 그것을 통해 삶의 열정을 되찾을 수 있어야 한다.

현대사회에서 우리는 너무 수동적으로 살아간다. 라디오, 텔레비전, 미디어, 유행이 우리한테 강요하는 것을 그저 받아들이며 산다. 우리에게 정말 중요한 한 가지는 잘 사는 것이다. 그런데 잘 살려면 수동적으로 '살아 있는' 게 아니라 능동적으로 '살아가야' 한다. 열정적으로 삶을 사랑하며 살아가야 한다.

심플하게 산다

소유냐 존재냐

동서양을 막론하고 많은 철학자와 사상가들은 가난을 하나의 덕목으로 여겼다. '가난'이라는 말은 돈이 없는 상태만을 의미하는 게 아니라, 성품이 깨끗하고 물질적인 욕심이 없는 상태를 가리키기도 한다. 토머스 칼라일은 가난과 공空의 사상을 비교하는 연구 끝에 우리는 모든 욕심을 포기해야 한다는 결론을 내렸다. 칼라일에게 영향을 준 인물은 마이스터 에크하르트다. 에크하르트는 아무것도 소유하지 않고 공에 이르는 것이 바람직한 삶의 자세라고 가르쳤다. 그의 가르침에서 가난은 외적인 것, 즉 물질적인 것이 아니라 욕심이 없는 내적인 가난을 뜻한다.

아무것도 원하지 않는다는 것은 자신의 자아에 집착하지

않는다는 것을 뜻한다(그렇다고 해서 자기 자신을 사랑하지 않는다는 뜻은 아니다). 불교에서 말하듯 인간의 불행은 갈망과 소유욕에서 비롯된다. 모든 위대한 스승들 또한 삶에서 욕심과 집착을 버려야 함을 공통적으로 강조해 왔다.

우리 주위에는 돈을 많이 가졌음에도 궁핍한 사람처럼 사는 이들이 많다. 그들은 인생의 이런저런 요소를 즐기는 열정을 잃었으며, 젊은 시절의 소박한 기쁨을 더 이상 기억하지도 못한다. 에리히 프롬이 말했듯이 꽃을 바라보는 것은 존재하는 삶의 방식이고, 꽃을 따는 것은 소유하는 삶의 방식이다. 우리의 목적은 소유하는 것이 아니라 존재하는 것이다. 물론 아무것도 소유하지 않는 것은 불가능하고, 소유의 여부가 남들에게 달린 경우도 있지만 궁극적으로 우리는 존재하는 삶을 추구해야 한다.

가난하게 사는 연습

당신이 집 한 칸에 침대 하나, 식탁 하나, 컴퓨터 한 대, 약간의 조리 도구, 옷 몇 벌만 가지고 있다고 상상해 보자. 자질구레한 장식품은 하나도 없는 그런 집 말이다. 그럼 당신은 지옥에 있는 기분이겠는가, 천국에 있는 기분이겠는가?

가난하게 사는 연습을 하자. 당신이 가진 물건들 앞에서 초연해지자. 운명이 당신에게서 모든 것을 앗아가는 날이 왔을 때도 불행해지지 않으려면 사치를 멀리 해야 한다. 이런저런 물건 없이도 행복하게 사는 법을 연습해야 한다.

가난하게 사는 연습은 가난을 두려워하지 않기 위한 것이기도 하다. 고급 원두커피만 마시고 살았다면 일주일 정도는 인스턴트 커피도 마셔 보자. 원두커피 없이도 얼마든지 잘 살 수 있음을 알게 될 것이다. 그렇다고 해서 무조건 다 포기하라는 얘기는 아니다. 그런 삶은 세속적인 삶만큼이나 어리석으며 실현도 불가능하다. 우리에게 필요한 것은 중용을 지키는 것이다. 눈앞에 보이는 모든 것을 손에 쥐려는 태도와 팔짱을 끼고 그저 내버려 두는 태도 사이에서 균형을 찾아야 한다. 정말 중요한 것에만 전념하면 된다. 당신이 지금 하고 있거나 하려는 일이 정말 가치가 있는지, 그리고 그 일을 포기하면 어떤 결과가 생기는지 언제나 스스로에게 질문을 던져 보자. 물질적인 일이든 직업적이나 가정적인 결정이 관계된 일이든 마찬가지다.

가난이 덕목이라 하더라도 물론 먹고 살 만큼은 있어야 한다. 자신의 존엄성과 독립성을 지키기 위한 재정적 안정은 필요하다는 얘기다. 그러기 위해서는 자발적인 가난이 필요하다. 자발적으로 집착을 버리면 분수를 지키고 검소하게 살면서 인생을 충분히 즐길 수 있다. 단순한 삶과 더불어 스스로 선택한 가난은 훗날 풍요로움으로 바뀔 것이다. 단순하고 가난하게 살면 물건을 겉모습이 아닌 실용적인 가치로 평가하는 법을 알 수 있기 때문이다.

또한 어떤 물건을 소유할 때는 잃을 각오가 되어 있어야 한다. 그렇지 않으면 그 물건은 우리에게 행복을 가져다줄 수 없다. 소유하고 있는 것을 잃는 것보다는 아무것도 소유하지 않는 편이 견디기에 더 쉽기 때문이다. 물질적으로 집착할 게 없으면 심리적으로나 정신적으로도 편해진다. 이 모든 집착을 버리는 일은 얼마든지 가능하다. 우리가 제일 쉽게 거절할 수 있는 대상은 바로 우리 자신이기 때문이다!

집착, 욕심, 결핍을 길들이자. 이 모두가 평화를 얻기 위해 필요한 것이다. 자기 자신을 내려놓는 연습도 필요하다. 그래야 다른 모든 것을 내려놓을 수 있다. 자신을 내려놓는 사람은 오히려 원하는 것을 갖게 된다. 꼭 필요하지 않은 것은 욕심내지 않기 때문이다. 부의 척도는 필요한 것이 필요한 만큼 있느냐여야 한다. 가진 것이 별로 없는 사람이 가난한 게 아니라 언제나 더 많은 것을 가지려는 사람이 가난하다. 가난에 자신을 맞출 줄 아는 사람이 부자다.

'충분'의 정의

심플하게 사는 것은 검소하면서도 현명하고 우아하게 살아가는 방법이다. 심플한 삶은 '충분하다'라는 마법과 같은 단어로 요약된다. 충분하다는 것을 개인적으로 어떻게 정의하느냐에 따라 행복의 기준도 달라진다. 살아가기에 충분하고, 먹기에 충분하고, 만족하기에 충분한 정도는 자신에게 달렸다. 모든 욕구를 충족시키려고 하는 사람에게는 결코 충분함이란 없기 때문이다.

초연하고 유연하게 평정을 지키는 것, 그것이 중요하다. 물건에 대해 초연하면 사람과 경직된 원칙에 대해서도 초연할 수 있다. 그러면 적응력은 향상되고 모든 것을 유연하게 받아들일 수 있다. 마음에서 모든 것을 버리고 비워 내면 더 이상 집착이 남지 않는다. 그러면 그때그때 상황에 맞춰 유연하게 행동할 수 있다.

이상적인 삶은 아무것에도 집착하지 않고, 누구에게도 의존하지 않으며, 좀 더 나은 사람이 되고자 하는 생각으로 사는 것이다. 우리가 무엇을 얻고 잃을지는 중요하지 않다. 삶의 본질과 아름다움, 완벽함을 위해 스스로 부단히 노력하며 살아야 한다.

포기하는 것의 기쁨

인생 전반부에는 쾌락을 맛보고, 갖고 싶은 것을 가져 보고, 경험해 보는 게 중요하다. 하지만 이와 마찬가지로 포기하는 것 역시 하나의 기쁨이라는 것을 알아야 한다. 마음의 평화는 일상의 사소한 쾌락과는 다른 것에 달려 있음을 깨달아야 한다.

하지만 우리는 다른 것에 시간과 인생, 귀한 에너지를 낭비한다. 물건을 쌓고, 소유물을 늘리고, 먹고 마시고 강렬한 감정을 맛보며 쾌락을 좇는다. 힘과 지혜는 우리 각자의 내면에 있다는 것을 잊은 채 끊임없이 더 많은 것을 욕심내고 손에 넣으려고 한다.

'나는', '내가', '내 것은' 같은 말은 우리를 얽어매 노예로 만든다. 왜냐하면 그런 말들은 부, 돈, 권력, 명성을 소유하려는 의미를 갖고 있기 때문이다. '원하다', '손에 넣다', '쌓다', '집착하다'라는 동사들과 결국 같은 뜻이다. 물론 그러한 행동은 인간의 전형적인 욕구이기도 하다. 하지만 집착하고 소유하고 그것을 과시하려고 하는 것은 인간다운 삶이라고 할 수 없다.

초연함은 포기를 통해 얻는 열매이며, 포기는 초연함에 이르기 위한 첫 번째 조건이다. 포기는 물론 어려운 일이다.

포기를 하려면, 다시 말해 포기할 것을 선택하려면 분별 있는 목표를 정해야 한다. 멀리 가기를 원한다면 자신이 가진 에너지를 낭비하는 일 없이 침착하게 시작해야 한다.

포기와 초연함은 며칠 만에 얻어지는 것이 아니며 자신이 가진 소유물을 모두 버린다고 해서 얻어지는 것도 아니다. 진정한 포기는 마음가짐에 있다. 어떤 것이든 자기 것으로 소화하는 기간이 필요하듯 자신의 일부가 아니었던 것을 단번에 자기 것으로 만들 수는 없다.

아무것에도 종속되지 않겠다는 생각으로 꾸준히 스스로를 다스리면 당신은 인생에서 원하는 모든 것을 얻게 될 것이다. 그리고 세상을 훨씬 더 낙관적인 눈으로 바라보게 될 것이다. 잘 살기 위한 최고의 비결은 바로 포기를 하고 초연함을 얻는 것이다.

심플한 삶의 자세

모든 형태의 소유를 포기하거나 외딴 곳에 홀로 산다고 해서 심플한 것은 아니다. 세상에 대한 지식을 넓히고 무한한 세상과 소통해야만 심플한 삶에 이를 수 있다. 겸손과 연민을 실천하기 위해 꼭 종교적인 공동체에 소속될 필요는 없

다. 삶과는 상관없이 형식만 남은 종교는 오히려 경계해야
한다. 겸손과 연민, 정직에 이르는 길은 우리가 사는 방식에
서부터 시작된다.

왜 언제나 가장 많이 갖고 가장 많이 아는 최고가 되려고
하는가? 왜 항상 자신의 지식과 권력, 돈으로 남을 압도하려
고 하는가? 욕심으로 인한 부당함과 편견, 악취미, 낡은 관
습은 적게 소유하고 단순하게 살아갈 때 없앨 수 있다. 부당
한 부를 누리며 사는 것보다는 도리에 맞는 금욕주의로 사
는 게 인간답게 사는 것이다.

당신이 만약 자동차를 세 대나 소유하고 있는데도 만족하
지 못한다면 그것은 아마도 당신이 씀씀이가 헤프고 사물의
가치를 즐기는 법을 모르기 때문이다. 주위에는 거저 얻을
수 있는데도 이용하지 않는 즐거움이 많다. 수많은 책이 있
는 도서관, 소풍을 갈 수 있는 숲, 물놀이를 할 수 있는 강가,
교육적인 라디오 프로그램은 큰 대가를 치르지 않고서도 우
리의 삶을 풍요롭게 해준다. 주어진 것을 이용하지 않는 것
은 곧 낭비다. 우리는 기회가 너무 많아서 기회를 놓친다. 그
저 쌓여 있는 물건들은 죽은 물건이다. 그러므로 그 물건들
을 당신의 삶, 시간, 에너지보다 더 중요하게 여겨서는 안 된
다. 심플한 삶은 물질의 가치를 바르게 평가하고, 행복을 효

과적으로 이용하고, 돈과 시간, 물건을 현명하게 쓰는 균형 잡힌 삶이다.

심플하게 산다는 것은 단지 간소한 삶에 만족하는 것만을 의미하지는 않는다. 심플한 삶은 보다 고결한 사고방식과 생활방식을 동경하는 것이기도 하다. 심플한 삶은 모든 것을 즐길 줄 아는 것, 가장 평범하고 보잘것없는 것에서도 즐거움을 발견하는 것을 뜻한다. 당신에게 주어진 모든 것을 유익하게 이용하는 것을 뜻한다. 많이 소유하지 않는 삶과 초라하게 사는 것, 궁핍한 마음으로 사는 것은 다르다. 소유하지 않으면서도 잘 살려면 결핍 앞에서도 긍정적인 태도를 가져야 하며 물질적인 것을 행복의 기준으로 생각하지 않아야 한다. 우리에게 풍요로움을 안겨 줄 재산은 바로 우리 안에 있다. 삶이 풍요롭지 않다면 그 재산을 아직 찾아내지 못했기 때문이다.

___

겉핥기로 살지 마라

변하지 않는 것은 아무것도 없다. 걱정과 불행도 마찬가지다. 더 이상 시시각각 변해 가는 것들에 집착하지 말고 삶의 본질을 끊임없이 추구하며 살아야 한다. 삶의 목적은 일시적인 이익을 추구하는 것이 아니라 궁극적인 행복을 찾고, 자유롭게 살고, 아름다운 삶을 만드는 것이다. 편지를 쓰고 친구와 밥을 먹고 벽장을 정리하는 것처럼 삶의 행복은 아주 사소한 것에 달려 있다. 그러므로 현재의 순간에 집중하자. 현재만으로도 충분히 풍요롭다. 자유롭고 소박하고 즐겁게 사는 것을 포기하면 안 된다.

인간이 가장 큰 평화와 휴식을 얻을 수 있는 곳은 다른 곳이 아닌 바로 자신의 마음이다. 완벽한 평온과 질서를 얻고

자 한다면 자신의 마음을 들여다보는 것으로 충분하다. 변해서 사라질 부질없는 겉모습에 휘둘리지 말고 마음을 따라 본성대로 살되 순리에 맞게 살자. 모든 것은 나에게 달려 있다.

'왜'가 아니라 '어떻게' 살 것인가

사람들은 삶의 의미에 관해 너무 자주 질문을 던진다. 하지만 그 질문에 대한 답은 말로 할 수 있는 게 아니다. 답은 그런 질문 자체를 잊고 열심히 살아가는 순간에 있다. 우리가 삶의 목표로 삼아야 할 것은 '산다'는 것을 느끼는 것이다.

왜 사는지 자문하지 마라. 이는 답이 없는 질문이다. 그보다는 어떻게 살고 싶은지 자문하자. 살면서 무엇을 기대하는지 생각해 보고 자신이 좋아하는 것들을 적어 보자. 그리고 하루에 적어도 한 번은 스스로를 기쁘게 해주자. 정원을 가꾸고, 요리를 하고, 산책을 하고, 좋아하는 차를 마시고, 즐길 수 있는 무언가를 만들자.

왜 내게 이런 일이 생겼는지 불평하지 말고 당당하게 받아들이자. 그리고 그 일도 언젠가는 도움이 될 것이라고 생각하자. 피할 수 있는 것은 피하되 피할 수 없는 것은 의연하고 참을성 있게 맞서자. 최악의 경우를 대비하면 잘못된 기대와 의혹, 불안에서 벗어날 수 있다. 모든 것을 잃을 각오를 하면 무언가를 얻을지도 모른다. 인생이 우리가 발전하는 것을 방해하도록 내버려 두지 말자. 살다 보면 잃을 때도 있고 얻을 때도 있다. 지혜는 주어진 순간에 무엇을 해야 할지를 아는 것이다. 불가피한 것에 맞서 싸우는 것을 멈추면 더 풍요롭게 살 수 있다.

답이 없는 질문에 매달리거나 피할 수 없는 상황에 괴로워하지 말고 나 자신의 행복을 위해 무얼 할 수 있을지 생각해 보자. 미래에 대한 꿈이 있다는 것은 스스로를 아직 믿고 있다는 뜻이다. 살아 있는 한 우리는 우리 삶을 꿈꾸고 선택할 수 있다.

숨통을 틔워라

밝은 빛과 기분 좋은 생각이 당신의 마음속 가장 어두운 구석까지 닿게 하자. 풍경을 바꾸고, 얼굴 표정을 바꾸고, 분위기를 바꾸자. 한곳에 계속 갇혀 있으면 신경이 예민해지고 기력이 쇠해지고 병이 난다. 바위에 달라붙은 굴처럼 한자리에서 판에 박힌 생활만 하는데 어떻게 자유로울 수 있겠는가?

머리와 마음을 식히러 떠나자. 가져갈 물건은 펜 한 자루와 수첩 한 권이면 충분하다. 여행은 우리의 마음을 풀어 주고, 가볍고 새롭게 한다.

낯선 길이 매력적인 것은 어디로 이어져 있는지 알 수 없기 때문이다. 아무런 제약도 의무감도 없이 가벼운 가방 하나 들고 정처 없이 길을 나서면 얼마나 즐거운지 아는가! 그 무엇에도 그 누구에게도 집착하지 말고 풍경의 매력에 이끌려 다니며 단순히 존재한다는 사실 자체로 만족하자. 이 새로운 경험은 영혼에 지워지지 않는 흔적을 남길 것이다.

심플, 인간다운 삶의 길

"정신의 활력을 얻고자 할 때는 당신과 더불어 살아가는 사람들의 장점을 생각하라. 어떤 사람의 적극성, 어떤 사람의 겸손, 어떤 사람의 관대함을 배워라. 좌절과 실의에 빠져 있을 때 주위 사람들의 풍부하고 다양한 미덕을 보는 것보다 더 훌륭한 치료법은 없다. 그러므로 항상 주위 사람들의 장점을 바라보라."

마르쿠스 아우렐리우스는 《명상록》에서 이런저런 일로 은혜를 입은 사람과 삶에 일종의 본보기가 되는 사람들을 떠올리며 살라고 말했다. 우리의 행동과 삶의 원칙을 구성하는 요소들에 상당한 영향을 주는 것이 바로 그들이기 때문이다. 우리는 언젠가는 촛불처럼 꺼져갈 운명이다. 우리

216

는 그 운명을 받아들일 수밖에 없으며 그런 만큼 더 이치에 맞고 충실한 자세로 살아야 한다. 산다는 것은 결국은 먹고, 자고, 시간을 보내는 일에 지나지 않는다. 문제는 그러한 삶을 얼마나 제대로 살아 내느냐 하는 것이다.

몸에 음식이 필요한 것처럼, 정신에는 생각이 필요하고 마음에는 기쁨이 필요하다. 샴페인을 즐길 줄 아는 삶을 살자. 새로운 철학을 공부하는 데 시간을 낼 줄 아는 삶을 살자. 우리는 타고난 본능이 정상적으로 충족될 때만 행복해질 수 있다. 낮과 밤, 계절에 따라 박자를 맞추며 우리 앞에 주어진 길을 즐겁게 걸어가면서 하루하루를 살자. 인간의 무한한 다양성을 사랑하자. 잘 사는 방법은 삶을 즐기는 것이다.

살아가려면 불합리한 것도 받아들일 줄 알아야 하고 인과관계를 따질 수 없는 신비로운 현상도 인정해야 한다. 그래야만 최악의 경우에도 마음의 평화를 얻을 수 있고, 에너지를 발휘할 수 있다. 우리가 이 땅에서 살아갈 시간은 한계가 있는 만큼 주어진 상황에서 우리가 할 수 있는 최선을 다해 행복하게 살아야 한다.

거짓 행복의 거품은 상실의 고통 앞에서 곧 사그라진다. 하지만 진정한 행복은 그렇게 쉽게 사라지지 않는다. 건강을 돌보고, 마음과 감정을 균형 있게 유지하도록 노력하자. 잃고 죽는 것이 얻고 사는 것보다 더 중요하지도 덜 중요하지도 않다는 것을 점차 알게 될 것이다. 산다는 것은 하나의 기술이며 이 기술은 노력 없이 얻을 수 없다. 자신의 외면과 내면을 잘 돌보되 이치에 맞게 살자. 그리고 심플하게 살자. 그것이 인간답게 사는 길이다.

옮긴이 **김성희**

부산대학교 불어교육과와 동대학원을 졸업했으며 번역 에이전시 엔터스코리아에서 출판기획자 및 불어 전문 번역가로 활동 중이다. 주요 역서로는 《생의 마지막 순간, 나는 학생이 되었다》, 《철학자들의 식물도감》, 《우유의 역습》, 《새로운 기아》, 《성의 역사와 아이를 가지고 싶은 욕망》, 《왜 마음과 다르게 말이, 왜 의도와 다르게 행동이 나올까요?》 등이 있다.

심플하게 산다

초판 1쇄 발행 2012년 9월 3일
개정판 1쇄 발행 2016년 12월 26일
개정2판 1쇄 발행 2026년 2월 13일

지은이 도미니크 로로
옮긴이 김성희

펴낸곳 (주)바다출판사
주소 서울시 서대문구 신촌로3길 15 6층
전화 02 - 322 - 3675(편집) 02 - 322 - 3575(마케팅)
팩스 02 - 322 - 3858
이메일 badabooks@daum.net
홈페이지 www.badabooks.co.kr

ISBN 979-11-6689-394-0 13320